天堂意识与精神进化

关于人过世后的生命以及达到你们最大潜力的过程

一份探索未知的知识和智慧的指南

芭芭拉 Y·马丁

迪米特里·莫拉蒂斯 著

于晓明 翻译

刘亚平 审校

加拿大国际出版社

Canada International Press

书名：天堂意识与精神进化

——关于人过世后的生命以及达到你们最大潜力的过程

一份探索未知的知识和智慧的指南

作者：芭芭拉 Y·马丁和迪米特里·莫拉蒂斯

翻译：于晓明　　审校：刘亚平

出版：加拿大国际出版社 www.intlpressca.com

Email: service@intlpressca.com

印刷版 ISBN: 978-1-990872-19-8

电子版 ISBN: 978-1-990872-20-4

2023 年 9 月出版 2023 年 9 月第一次印刷

Title: Heaven and Your Spiritual Evolution: A Mystic's Guide to the Afterlife & Reaching Your Highest Potential
Written By: Barbara Y. Martin and Dimitri Moraitis
Translated by: Yu, Xiaoming
Proof reader: Liu, Yaping
Publisher: Canadian International Press
Print ISBN: 978-1-990872-19-8
EBook ISBN: 978-1-990872-20-4

前　言

　　与芭芭拉一道写这本书对于我来说，是无以复加的荣幸。书中提供的智慧是她毕生的经验，而本书的写作也历经多年才完成。我认为，本书在多方面都堪称她著作中的典范，因为她在此书中讲述了她诸多的精神经历和天赋，透露了一个神秘主义者和精神教师的内在生活。我和芭芭拉已共事多年，我可以说，在她所有杰出的精神天赋中最为突出的就是，帮助灵魂通过生活的精神维度而成长。在她的许多超觉天赋中，在意识清醒的状况下出行到多层精神世界，并且帮助他人与这些世界建立联系的能力当属非凡，也是最为不易掌握，难度最大的能力之一。

　　探索灵魂进化的过程是一项非常艰巨的任务，其涉及到形而上学的诸多方面，需要理顺思路脉络才能表述流畅清晰。这本书的依据是博大精深的奥秘宇宙学传统，其论述在神智学，希伯来神秘哲学，蔷薇十字会等著作中均有提及。在探索精神世界的许多方面时，思考这段旅程的宏伟可能会感到眩晕，就像登山者第一次看到珠穆朗玛峰时，起初会被他们面前的壮观感到害怕一样。就凭直觉，让神圣的本质引导你们。想想这些精神领域原本就是你们的内在，渴望着被发现和表达。

　　我们每个人都有一个要攀爬的精神阶梯。你们不仅希望告别地球尘世的方式要好过你们找到它的方式；你们还想要在离开它时，自己的意识水平要高于初来时的程度。在追寻精神道路的过程中，你们既是注重细节，专心成功的科学家，也是展现灵魂潜力，表达创意的艺术家。随着攀爬梯阶，你们各方面的表现力都在增强。生活倒并不一定会变得更容易，但它确实会变得令人更兴奋、更充实，你们还会感到自己日渐深入地参与伟大的善行。

书中多处都需要沉思。可以拨出时间，静静地观想彼岸的美妙之处，同时要把自己的进化程度也置于其中。的确，精神上升的历险无所不至，所到之处会有挫折阻碍，也是当然。

我走上这条神秘的道路已有多年，可以和大家分享的是，所有的努力都是值得的。你们可以把你们的潜力发挥到极致。要有勇气，跟着你们的心，追随至高的灵感，用长远的视野来看生命。你们的精神潜力是渐次展现的，每一步都有各自的美。伊索寓言中的龟兔赛跑，赢得比赛的是缓慢而稳定的乌龟。在精神道路上行进，需要坚定不移才能通往胜利。

愿你们在神秘之旅中找到快乐和充实。

在光和爱中，

迪米特里·莫拉提斯

本书介绍

呈现这本关于天堂世界和你们的精神成长的书使我感到由衷的高兴。作为一个形而上学的教师，我最重要的作用是帮助人们实现他们的精神潜力。我的目标是让你们更好地理解精神展现的过程，这个过程会引导你们到达那个我们称之为天堂的宏伟的地方——地球上每一个人类灵魂的命运。迄今以来的最佳精神成长时间就在当前。越来越多的人醒悟到他们的精神潜力。然而许多充满了热情的人，对于精神道路是怎么一回事并没有清楚的概念。若你们想要成为医生或律师，都有明确的路径在那儿。可是，当涉及到你们的灵魂成长——这一最重要的目标时，对其进程却知之甚少。

通往天堂之路是门知识面广博的学问。我们不仅要以形而上学的视角来探索天堂，我们还将研究通往那儿的诸多精神维度，即我们进化道路上的组成部分，以及我们如何经历这些维度。我们将讲解，你们的精神升程并不是到来世才会开始的原委，因为你们已经在此旅途中了。我们也将探讨尘世生活中的一切如何是先在精神世界创造，而后再展现出来的。以及你们所有的行动是怎样影响你们或接近神圣的目标或与其相距更远。

我告诉大家的这些精神世界的智慧和知识是得于我的有素训练和超觉天赋的经验。从三岁开始，我就可以看到辉光场，即每个灵魂所包含和散发出来的精神能量。但天赋是要经过历练的，我是用了几十年时间才达到自如运用超觉天赋。我也是在很小的时候就去过精神世界。我知道这听起来很难让人相信。亲历死后的世界或天堂不是要留待我们过世后吗？一个人能和死后的世界来往走动，还能讲出所见所闻吗？

事实上，我们都是精神领域的一部分。这些领域是我们出生之前的所在。也是我们在尘世间生命的维系，一俟我们在地球上的时间结束，我们便会折返原来的内在世界。对此说的争议是存在的，我们大多数人对这些内在的维度都未保留意识上的觉知。在我们行走于尘世的期间，那些记忆和经历都被湮没了，除非有契机重新点亮该智慧。即便如此，报道有人到过异域奇境的案例依然层出不穷。

我早在八岁时就开始有了内在世界的经历。通常那些事是发生在我白天午睡的时候。起初的经历很简单，我被带到彼岸，那儿是一片田园风光——和你们可能去到的地球上的某个美丽的地方没有什么不同。这些游历经常发生，但一开始持续得并不久。我并非有意让它们发生；它们似乎是自己发生的。我知道我当时不是在做梦，也不害怕或担心我可能是要死。相反，因为我被带到的地方很好玩，那些游乐令我很开心。

我是在大萧条时期长大的，当时这些内在世界的经历给了我支持。有些年份我和家人过得很难，那时其他人过得也一样。这些精神世界的经历让我跳出这些难处的局限，认识到还有更伟大的生活存在。每当我从这些精神之旅返回，就感到焕然一新了。然而，我很快就知道不对他人说我的经历了，因为他们理解不了我当时经过的事。

我到了十几岁上下，往精神世界去旅行的次数就多起来了。起初的出游是在我睡觉的时候发生。那些都可不是梦，而是活生生的真实经历。我通过天界的存有认识了内在的世界。在这本书的里，我将这些奇妙的神圣存有称之为天使和大天使，或"神明"或圣者们。圣者们一直都在我的周围，却没有透露是他们把我带到这些精神的领域，直到我长大了，对此有了理解和鉴别能力之后才说。他们带我去到彼岸的许多地方，在那里我慢慢地开始意识到精神生活的广袤了。

渐渐地，我开始接受精神世界的训练。我常被带到特设的训练中心，他们管那儿叫做"圣殿"。圣殿的种类繁多，各有专司。那是些宏伟的建筑，里面充满了圣光，是施教和加持的地方。天使总会引我进入这些领域，全程给予支持，然后带我回来。我在尘世间遇到事情，他们也会帮助我，并且教我了解和应用我的精神天赋。

这种夜间训练的一直持续到我 19 岁左右，那时我入行了娱乐界。我的家人辗转美国多地后，也在洛杉矶落下脚来。我的父亲是一名希腊东正教牧师。同时也是教堂建筑师。主教教区常会派他去一个新的城镇，召集教区信众，建造教堂，然后派他到另一个城市做同样的事情。他做这个工作很在行，但薪水却很微薄。这么频繁的搬家，还有包括我再内的六个孩子要养活，单靠一份牧师的收入，我母亲过得十分艰难。

当我父亲被派到帕萨迪纳市建造一座教堂时，我们都搬到了那里。我的母亲喜欢上了加州。她告诉我父亲，教会再要派他上别的地方他都可以去，但家就安在洛杉矶了。我也爱上了加州。我们是在 20 世纪 40 年代好莱坞的黄金时代搬到那儿的，我有一个哥哥，他是一个优秀的演员。我通过他进入了演艺界，那时我年仅 19 岁，就开始了自己的综艺节目。我即是制作人，也写一些喜剧小品和音乐。我们在当地，尤其是在军事基地循环演出，还有了名气。最终，我手下工作的人员达到了 300 人。

在这段时间里，我尝试过上"正常"的生活，对研习超觉天赋和形而上学没那么用功了。我热衷参与娱乐界，当时认为我一生都会干这行了。演出了几年之后，我收到邀请去拉斯维加斯演出我们的节目。正值那儿的娱乐界刚兴起，他们需要人才。那是一份利润丰厚的合同。其出价比以往收到的都高。正当我准备接受时，圣者们却来到我面前，向我揭示，我的命运并非在娱乐界。确切地说，我的命运所在是成为一名形而上学的教师。他们让我略看了我当精神教师的生活。不用说，在他们的展示中我看到了智慧，但这也意味着我不得不放弃我的演艺生涯。这个决定并不容易下，但我还是推掉了那份邀约，剧团里大伙儿都很失望，不明白我为什么会推辞这个大好的机会。

一俟我承诺跟随我的精神道路走，一个奇妙的形而上学训练的新阶段就开始了。我见识了内在生活的广袤，还被带到了我无从想象的维度。圣者们对我的施教，从科目到细节难度都很高，我也勤耕不辍地学习。那段时间的收获真是很大。这种内在的训练持续了很多年，但从我外在的生活情况和时间上却看不出来。当时我还没有做形而上学的教学工作。我不曾对谁透露过，所以没人知道我经历了什么。在那段时间里，我结过婚，有了两个漂亮的孩子，经历了离婚和一个亲人的死亡，要单独抚养两个孩子还要日常工作。那是些美好与挑战并存的日子。

接下来，我的父亲意外地去世了。我非常爱他，希望和他多呆在一起，但由于他的工作和旅行奔波，我和他还是聚少离多。在悲痛中，我也在想此后的生活该怎么走。我并没感到失落，但我感到确有一种巨大的悲伤。承蒙上帝的恩典，就在我父亲去世后不久，我就遇到了我生命中最重要的人之一：我的良师益友和精神教师，伊内兹·赫德。是她培养了我后来成为一名教师，一生教授形而上学。

伊内兹是一个非同凡响的女士。她出生在奥地利贵族家庭中，后被迫逃亡到美国。她也是与生俱来就有超觉天赋，早年是过着"正常"的生活。她结了婚，生了孩子。在她二十八九岁的时候，她因误食受污染的生菜而中毒，几乎丧命。当时她祈祷，如果活下来，她便献身于上帝和精神事业。当然，她是活了下来，继而成了一名杰出的教师。她接受过多年的训练，在印度跟随神智学协会的一个神秘主义者潜心学习并获得传授。伊内兹有诸多精神上天赋。她对辉光的观察解读精准到不可思议。她与精神管理层有紧密的联系，并逐步获取了对内在世界的深刻理解。她仅私下以小组的形式授课。她的使命并非讲给大众听。然而，伊内兹曾对我说，我日后不仅会是一名形而上学的教师，我还会向许多人介绍我的精神事业，成为公众人物。

她帮助我熟练运用我的精神天赋，并为日后严谨的形而上学教学做好准备。她训练的一个重要部分是拓深我内在层面的工作。我们经常由圣者们引领，同往精神诸世界，她教会了我很多东西。这种不同阶段的训练大约进行了将近 10 年，学习强度大的时候比平时更辛苦。当这个训练结业时，我已经准备就绪，要当一名形而上学的教师了。不久，我的职业生涯便正式开始了。

通过我多年所做的教学和我有幸帮助的人们，我与上帝的关系才得以加深。现在我虽已至生命的成熟期，依然去内在世界旅行，亲历加持。我非常感谢我的合著者迪米特里·莫拉蒂斯，感谢他在写这本书时的杰出工作。我们共同写作已有多年，我对他的施教也延续至今，当我的教师任期完毕业后将会由他继任这项工作。在这本书中所述的大多训练他均已经历过。此外，我也十分感谢我的学生们——我的精神旅程的同行人——为确保本书的完成，他们在我们写作过程中给予了一贯的支持。乔纳森·威尔特希尔创作的插图令我称道。他的作品很棒，呈现了精神世界的逼真翔实和恢宏壮丽。

在意识上你们不需要记得自己是精神世界的一部分。到了该到的时候，你们自己的内在生活的直接体验将会向你们敞开。最要紧的是要汇集所有的快乐、积极性和满腔热情去追求你们的精神成长。尽你们所知做到最好，便会加深与天堂和内在生活的联系。遵从你们生活的最高理想和抱负，坚守不渝。还有一个奇妙的所在，就是我们的精神支持系统，它激励着你们达到你们的最高自我和荣耀的天堂诸领域。

愿上帝保佑你们在精神旅途上喜获丰收。

在圣光和爱中，

芭芭拉 Y.马丁

《天堂意识与精神进化》的读后感言

顾美皎

我是一名神学初学者。但一接触这本书就爱不释手。我一直对天堂乐园很好奇，并渴望探索这个神秘的未知世界。出现在我面前的这本书，实际上是关于"形而上学"的。我知道在希腊语中，它的意思是"在物质之后的东西"，这是一种哲学思想的门类，探索不能通过感知认识的事物，用理性的逻辑推理可以得到答案的一门学科。

由于人的肉身终究都会成为一捧黄土，灵魂则是永生不灭的物质，因此天堂是地球人向往的归宿。不能肤浅地认为，单凭活着时的乐善好施，人过世后就能直接升入天堂，道理是在物理世界的层面，有自由意志和业力在起作用。这只是灵魂回归的长途旅程的一部分。我们需要很长的一段旅途跋涉才能到达天堂。

因为肉身在尘世间往往容易被物质引诱，而忽视了灵魂在精神层面的进化。用形而上学角度来看，精神世界的进化最为重要，只有通过精神进化才能使灵魂成长；一个人只有灵魂进化到一定高度，才能奢望进入天堂：只有当精神升华到神圣的最高境界时，才会激励人们进入最高理想的自我，才能到达伟大的彼岸和天堂领域。然而攀升精神阶梯过程往往艰难，不易一帆风顺，会有挫折阻碍，有时经过一生也没有完成，甚至需要经过数度轮回转世才能逐步登到高峰接近神源，接近神源的地方就是天堂了。灵魂会展现无穷的潜力，积聚更多的精神力量，来克服进化道路的崎岖不平。精神进化的道路是用爱心铸就的，唯有献出更深的仁慈善行，做出更多的奉献，才能到达天堂，再从天堂进入上帝的国度。

文字是美学的最佳表达之一，尤其中国文字显示独特的美感，具有较高的抽象性和思辨性。它可以感心、感耳、感目。本书译者用心、用情、用智慧翻译，是一本少有的功夫作品。我有机会读到原文，再读译作后惊喜地看到，翻译在语法和语义上的中文表达均竭力忠实于原著。我很欣赏译者在作者的这本充满创意和灵感的书的基础上的匠心独运。字里行间闪现的汉字、短语、诗句、成语就像是灼灼闪现的宝石，令人愉悦。对我来说，他们就像是灵巧的钥匙和照明的灯光，深情地帮助我在这神秘的探险中，通过一道道门坎。

顾美皎教授简历

顾美皎教授 1931 年出生于中国上海，从事妇产科临床、科研和教学工作 60 多年。她是中国知名高等院校华中科技大学同济医学院附属同济医院妇产科主任医师，同时她还担任科研和教学等职务。顾教授在中国妇产科界享有很高的声誉和名望。她是中国最好的妇产科外科医生之一，帮助救治了许多患者。

她从未停止学习，不断地提升自己。她在有关妇产科领域的学术刊物上发表了论文 80 余篇，编写专著 20 余本。担任主编和主译的著作包括有《妇产科学英汉对照医学读物》、《临床妇产科学》（第 1、2、3 版）、《现代妇产科学》等。她还担任了《英汉医学词典》（第 2 版）的副主编，参与编写高等医学院统编教材《妇产科学》、《中国妇科肿瘤学》（第 1、2 版）、《中华妇产科学》（第 1、2 版）。除了医疗和科研之外，她还积极投入教学和培训当中。她的许多学生现在都是中国各医院的骨干人才，还有的成为教授或中国最高学术职位院士。

本书由

芭芭拉 Y.马丁 陈述

迪米特里·莫拉蒂斯 执笔

目　录

第一部分

你们的精神上升

第一章　你们不是去到天堂，你们是成长到天堂

生命如此短暂，学业却那般漫长。

——乔叟

这里有一个永恒的居所，海纳百川的生命之家。这是一个生命流动自如的地方；爱与祥和快乐尽在，正义到处盛行；在这里你们会充满创意，强壮健康，英姿勃发，活力四射。无论你们身在何方，无论你们走了多远，这个家都为你们而在。当你们感到失落、悲伤、绝望或被遗忘时，这永恒的居所在此温暖人心，感化灵魂。过往的阴霾便随之消弭。你们注定的归属和你们的真我所在就是这里。

我们把这个神圣的地方称之为天堂。我们有许多人把生活建立在只修来世的观念上，即我们此生在世的所作所为决定我们下辈子的生活好坏。天堂给予我们的是目的性。它坚定了我们行为的意义，生活并非随机或偶然。当然，也有人说天堂是人类的谬见——历来用于应付世上的艰难与费解之事的一种迷信。往好里说，天堂或地狱都由我们自己所造，在于我们过生活方式。还有的人认为天堂这个问题，唯有死后才有解答。

没有一本书能证明其不可成立！天堂存在。这是一个见仁见智,各执己见的论题。我能与你们分享的是形而上学就这一永恒论题的学说，以及我此生经超觉天赋所获的阅历。正如书中通篇所述，天堂不仅真实不虚，而且还是你们身为人类的灵魂借以实现所有潜力的关键所在。它不仅为一处地方；而且是意识的一种状态。要成为天堂的一部分和它所体现的意识，你们则必须开发你们的精神潜力。

　　形而上学教导说，仅因为是个好人，你们还去不到天堂；你们得通过持续渐进的、光明远大的精神进化过程而成长到天堂。要成为天堂的公民，首先你们必须展现你们力所能及的一切向好，这意味着学习表达每一种善良，每一种才能，每一种品性优点，以及十足的精神力量。随着你们一步一步地展现，进入到了解自己的真我是一个灵魂，要干什么时，你们在精神上就有了长进。在你们体验各种不尽相同的生活时，灵魂则随之收集智慧，这些智慧就帮助灵魂展现其力量和潜力。神秘主义者称这种精神成长为一种上升——你们的精神上升。

　　如果你们正在读这本书，这可能意味着你们在精神上已经有所觉醒，或者是某种缘故激发了你们的兴趣，想要了解更为宏观的生活。这本书的目的是激励你们把你们的精神道路摆在更重要更优先的位置上，并给出一个精神成长是什么和通往天堂之路怎样走的清晰画面。为了做到这一点，我们将进行一次非同凡响的旅程，经过彼岸的诸多精神维度。我将与你们分享一些我自己在精神世界中的超觉天赋经历，以激励你们过一种更充实、更有益的生活。书中也会提供冥想练习以帮助提高你们对精神领域的觉知，你们作为人类灵魂的潜力。

定义天堂

对天堂的理解有多种含义。其意味着接受这样一个观点，即在物质世界之外还有生命，宇宙中有一个更大的组织系统，而非仅有物理层面，恒星和星系。也意味着有更大的智力，每天给予我们灵感和支持与我们互动，还意味着生活一定有目的，即便我们感到失落或无助时也是如此。

对于天堂的描述，每种文化和精神传统都有其自己特定的方式。字典的定义通常称它是一个由上帝统治的地方，天使和行公义的人在死后居住在那里。它最初的意思只是"天空，或苍穹"。形而上学将天堂定义为上帝管辖范围的所有领域。要理解这个定义，我们必须认识到彼岸不是一个地方；它是很多地方。生命的造化过程在其升序中有许多维度。上帝之爱总揽万千造化，但并非所有的维度对上帝都有觉知。精神各领域的意识高度不等，较高的则开悟更多。我们把靠神源极近的精神领域称为天堂。在天堂诸领域中上帝的力量和荣耀被充分表达。这些天界的居民欢乐地融入神源，表达创意。

天堂诸世界都是天界的实验室——原型界，物种的原始形式首先在该处创建，然后才到地球物化体现出来。在天堂诸世界里，我们直接参与自然的内在运作，学习与上帝共创。有些人会认为这样的雄心壮志是无法实现的。但实际上，我们都是成长中的神秘主义者。我们的命运就是成为天堂世界和它们全部归属的一份子。所有的灵魂，即使他们犯了可怕的错误，都是宝贵的。没有一个灵魂不可救赎。这并非是你们能否到达天堂的事；而是何时到达天堂的事。

许多人认为天堂是死亡时才有的经历，是在许久的将来生命完结时的经历。然而，你们每天都从天堂诸世界领受和接收。他们此刻就在维持你们的生命并赋予你们灵感。它们是所有灵感、精神之光和指导的本源。无论信仰体系如何，天堂对每个人都存在。

你们在意识上更加努力与精神诸世界建立联系的同时，也会释放你们更多的创造潜力并加速你们的精神成长。精神领域中的每个领域都在神圣的经历展现中，在你们精神自我的各个不同方面的反应中起到一份作用。踏上通往天堂之路可以从三方面考虑：

1.一个终有一日你们会加入的地方。

2.一种在尘世间生命中经历、体现和表达的觉悟意识。

3.为实现这个无比荣耀的目标所需要的进化过程。

到天堂世界的一次经历

我一生中最大的福佑之一就是曾经和伊内兹·赫德一起工作过。她既是我的精神教师也是我的导师。当我遇到她的时候，我已有过一世的超觉天赋的经历。然而，伊内兹把我的才能上升到了一个新的水平并打开了多扇令我无法想象的精神之门。伊内兹拥有非凡的精神才能。经她训练我成了一名功底扎实的超觉天赋者，她还为我日后当上一名精神教师做好了前期准备。在她的帮助下，我达到了我自己的精神追求的顶峰。她的精神天赋出类拔萃，她不仅亲历了内在世界获取了那里的渊博知识，而且还教会了我怎样在这种复杂的工作中做一个意识层度更高的参与者。

在和她一起工作的岁月里最要紧的那几年，我吃住都在她家。我们常在一起冥想，也有许多共同的精神经历。有一次，当我们在冥想的时候，能量特别强。突然，有两个天界的存有在房间里显现。他们周身发出神圣的光芒，令人屏息。伊内兹虽然很兴奋，但并不感到惊讶。我们被带出身体，发现自己处在一个异常美丽的领域。当适应下来时，我意识到我们是在天堂诸世界中的一个叫做精神以太亚的地方。之前我们也曾一起到过彼岸的许多地方。我看了看伊内兹，发现她处在天堂的形体里。她看起来真是容光焕发。当她在尘世间的身体里时，她的身材发了福，但她的天堂形体却苗条而优雅。她的辉光放射出粉红色的光芒，即宽展又绚丽。身着一袭金色长袍的她，朝着我微笑。我看到伊内兹这迷人的一面，对这位我有幸与之共事的高雅灵魂也有了更充分的了解。我端详着我自己的天堂形体，感觉得到它的强健有力。我看到自己穿着一件水蓝色的长袍。

这些天界的存有们把我们带到这里，随后帮助我们适应天堂的振荡频率。他们的个子高大非凡，真令人难以置信。我们当时正站在一座宏伟的圣殿建筑的地面上。那里有各式各样的花草树木，我从未见过。近处风光一片旖旎，远眺景色亦是极美。这座圣殿十分壮观，设计精湛。伊内兹告诉我，这座圣殿是神圣和平之殿，我们即将进去。

我们沿着一条美丽的小路走向圣殿，气氛中可见一种弥漫的淡蓝色光。天堂的这种以太光是精神以太亚的一个特征。它神圣的存在四处荡漾无所不及。当我们接近圣殿时，殿内便大放光芒，五彩缤纷充满了神圣的力量。在场的还有其他人，但我却看不见他们，所以，感觉上我们像是在私人约会，但场地的空间却又十分开阔。天使们领着我们进了圣殿，伊内兹点燃了些蜡烛。她跪下来，示意我照做，并告诉我要一起祈祷。

我跪下来，发现自己在祈祷自己要献身于上帝。在我的尘世生活中，当时我的内在处于混乱之中。为了追求精神道路，我住到伊内兹家，这让我的家庭不胜重负。我并不清楚我追求的形而上学如何能用到实处。我知道我在未来教书时，会有困难。就当我们在祈祷的时候，天界的存有们给了我们加持，我感到心扉敞开了。然后我得到了一个启示：我必须把我的生命更彻底地献给上帝。仅有精神才能还不够；我还得比自己现在所做的更加臣服。虽然我对精神生活的力量和价值非常清楚，但我们毕竟还是人类，所承诺的程度还有所不足。

把我们带到这里来的天界的存有们开始吟唱关于爱的歌，深深地触动了我。我觉得自己可以放下担忧了。我看着伊内兹，她在为我祈祷。我还未达到她已经承诺的程度。她在场就是给我鼓气。歌声停止了。其中一个天界的存有要求我向上帝起誓。在那一刻，我做出了一个承诺，恪守至今，并将继续到我离开这个世界。未来的挑战不会就此消失，但是我的承诺带来了一种内在的满足。不一会儿，伊内兹和我发现自己又回到了我们肉体里，在房间里冥想，一切都是从这儿开始的。回到肉体里时我的感觉很奇怪。离开那个荣耀的地方后，心里有一丝悲伤。然而，圣者们给我们发送圣光，仍与我们同在。我们静默了一会儿，不用说，发生过的事还历历在目。

这段经历把我之前的许多精神经历放在一起，将其结合起来看作是一整个宏伟计划的一部分。我以一种新的方式理解了我的生活，并对我所爱的人有了更深刻的洞察力。我在我的精神旅程中获得了新的动力，在做教师的准备工作中增强了帮助他人精神探索的知识。

天堂关乎的是人类的潜力

我们每个人的内在都有被禁锢的巨大的力量，但这些都是必定要被找到和开发的。在人类致力的每个领域中，这些精神力量都是取得成功的关键。在古希腊，外国人第一次看到雅典卫城和城里壮观的帕台农神庙时，都感到敬畏。他们认为那样的建筑是圣者们给自己建造的住所。那些接近天才莫扎特的人们都感到惊叹。他们不理解一个人怎么会有这么多的音乐才能。我们来看看今天的奇迹——解开原子的奥秘，把人送到太空，建造计算机，解开人类基因组——还有人类能够想象的其它事情，都让人眼花缭乱。为人类造福的伟大成就都是灵感流经精神的所为。即使我们不这样想。当然，就人类潜力而言，最为深奥的也是在精神领域里了。

地球上的每个人都有一份精神潜力。它驱动着你们所做的一切。为了展现你们的精神潜力，你们需要唤醒潜伏在你们内在的神性力量和意识，将其积极地表达出来。为了开发这些潜在的力量，灵魂必须通过创造开始朝圣，在创造中展现它的力量，为的是最终圆满实现，回到它神圣的源头。在这幅宇宙图景中，地球上的生活是一所学校，你们所有的经历都是你们精神成长的一部分。灵魂生生不息，其经历遍及存在的所有奇迹、奥秘和矛盾。然而，在你们所有的经历的背后，是你们更大的精神目的。无论苦乐，生活的历练就是学习经验。

从形而上学的观点来看，每一个灵魂都很珍贵且必不可少。我们注定最终都要走向伟大，但我们在进化过程中达到的程度并非一致。我们的成长各有自己的节奏。旅途中你们无论到了哪里，都是美丽的。对你们的要求是展现你们该有的精神力量和才能。这将帮助你们在进化过程中达到你们该达到的程度。这是你们能做到的最好的事情。最甜蜜的喜悦莫过于达到你们的潜力并实现你们在神圣计划中的作用了。

这些事情是怎么被知晓的

人还没死怎么可能而知道彼岸的事呢？有无数的案例都报告了人们在精神世界的经历。这些离体经验可以分为濒死经历和星光体旅行等类别。濒死经历产生于人在受到危及生命的创伤时。那时的当事者可能处于暂时死亡，但灵魂却会相当活跃。这些经历可以成为改变生活的事件，让人们得以窥见更伟大的精神生活。其它的离体经历可能是更简单和更世俗，例如亲眼目睹医生给自己做手术。还有，当灵魂离体后遇到彼岸的恶灵，这种遭遇挺可怕的。

有一种离体经历叫做星光体旅行。星光体旅行可以是自主的，或不由自主的。在某些非因创伤造成的情况下，人们离开肉体，但有觉知。星光体旅行并非真的去到彼岸。当事者仍在地球上，但不在他们的肉体中，而在星光形式中。他们可以凭借他们的星光体游动，四处参观造访。有些人具有用星光体旅行的异能，就好像一些通灵者那样。但我不推荐这种旅行，因为它可能会有危险。就像濒死经历一样，星光体旅行也表明，在物理维度以外，存在着生命。

　　还有另一种类型的离体经历，即形而上学所指的，有意识地进入精神诸世界的能力。这种经历是神秘主义者的一个生活特点。有意识地进入内在诸世界是上帝和人协力才能办到的事，经历精神世界是对灵魂的精神教育和揭示的一部分。这些经历可能发生在醒着的时候或夜晚睡觉的时候。建立一个与内在世界有意识的联系是一个过程，每个灵魂都要经过才能完全觉悟。我所描述的精神经历就是属于有意识地进入内在诸世界的范畴。

形而上学的一个扼要介绍

———

在这本书的全书中，形而上学这个词的意思是"在物质后面的是什么"。它是对有肉体的生活的精神根源的研究。在这方面，形而上学与其它高尚的研究，如神学、哲学、神秘论、神智学和本体论，有着相似的目标。这是一项神圣的事业，它遵循的传统是整个星球的，在史前即存在，现在又以蓬勃之势再度振兴。

古往今来，形而上学的学派种类繁多。虽然有些论点是共通的，但各自的学说都侧重于面向其所含盖的受众。本书所陈述的形而上学是被称为光国学说的一个神秘主义学派。这是个宏大的精神研究体系，它可以追溯到四千年前的古代希伯来和晚些的基督教神秘主义。这是给予当代人类的一部分通识教学，与宗教宗派并无关。伊内兹称此为基督的智慧。在这本书中，"形而上学"和"光国学说"这两种术语是可以互换使用的。为了更好地理解形而上学是如何看待精神进化的过程的，这里有三个基本的形而上学原则：

轮回转世——你们不可能在一世完成所有的事情
许多人把生命看作是从娘胎到坟墓的一次旅行。从出生，过日子，到死去。这是占主流的人生观，活着就要及时行乐，因为人生只有一次。另一些人则认为这一辈子受罪是暂时的，你们的行为善恶会决定你们以后的永生永世。这种压力则太大了！形而上学的教导则是，仅凭一世，无论你们那一世的生活有多好，是学不到所有的人生课程，也展现不了你们全部的精神力量和才能。一个灵魂从心存抱负蜕变到精神上成熟觉悟，其间的成长阶段多得数不清。

这就有了反复投入肉身的出现。人类要在尘世间经历许多轮回转世才能逐渐完善自己，这是个不言自明的道理。通过一次又一次地投入肉身到地球，你们积累了经验和智慧，以获取成为天堂领域居民的权利。人们到达精神成熟的目标有早有晚。无论你们途中到了哪里，最终每个灵魂都会达到圆满。

你们已经有过许多前世了，成就了许多事情，经历了无数的艰难险阻。在你们的许多轮回中，即有成功也有失败。你们曾富有，也曾贫穷，才华横溢过，也愚笨无知过，当过圣徒，也当过罪人，有过男人身，也有过女人身。你们几乎在世界的各个角落都生活过，体验着各个种族和文化。通过每一世生活，你们逐渐地掌握了技能、才能和品性特征，这些成了你们的永生自我的组成部分。转世教给你们的是总有第二次机会。如果你们犯了错误，这是谁都难免的，你们会得到机会在某个来世纠正那些错误，以使达到精神领域的目标获得成功。

轮回转世也涉及灵魂"在两次生命之间"在精神世界中度过的时间。当你们在彼岸时，你们不仅仅是在等待转世轮回到尘世间。在精神的世界里，你们还过着丰富、充实的生活。你们有各种活动、朋友、经历、冒险和待完成的一些事情。你们回顾和消化你们在地球上经历过的事情，并为来世注定要办的事情做准备。

精神管理层——你们从未孤独一人

天堂和精神诸世界最美的方面之一就是你们从天界的存有那里得到的支持。我们称神的组织为精神管理层。精神管理层是上帝的神性计划的管理者。这个神圣的顺序排列包括天使、大天使和其他至高的存有。他们分别在不同的展现层次上工作，这就是为什么它被称为层级系统。他们将所有的生命连在一起，形成了共同的进化链。我们需要这些伟大的存有，因为是他们把我们与上帝相联系。

无论你们有无觉知，是否相信,你们每天都接收到天使和大天使充满爱的支持。你们也许并没有意识他们的存在，其原因是在物质世界和精神诸世界之间隔着一层面纱。这些神灵在"幕后"工作，指导地球上的生命并为他们把握方向。在精神诸世界中，人类和神灵之间没有面纱；与精神管理层之间是有规律的自然互动。你们死后的生活就会有天使做你们可靠的导引。他们会教化、治愈并引导你们，促使你们向好的方面改变，为你们指明方向。随着你们攀登精神的阶梯，与神灵间的互动会大大加深。你们会发现这个奇妙的精神秩序的新的层面——它的博大精深是那么令人惊叹，简直超乎想象。

辉光和圣光——你们精神成长的燃料

每个人都有一个辉光。它是灵魂的能量蓝图。光环是宇宙生命力量的个体表现。你们生活中发生的一切都反映在你们的辉光场中。你们的思想、感受、才能、健康和安康这一切的能量基础尽在辉光中。作为一个灵魂，你们的进化到了什么地步都在辉光中表达得一清二楚。没有两个人的辉光是相同的，因为没有哪两个人会以完全相同的方式来表达宇宙的生命力。

辉光反映的是灵魂在如何体现和使用圣光。什么是圣光？它是上帝发散的生命力。它是"意识的通道"。圣光涵盖所有的光谱色，天地万物受其灵感而生发。神性的生活有许多属性，都需要体现出来，所以圣光有许多方面也要整合到你们的辉光中。随着你们发展爱、智慧、慈悲、智力、和平等精神属性，你们辉光里建立的精神能量[1]就愈加多。

你们的辉光是你们的精神上升的关键。这是你们锻造你们的精神品性的地方。你们在改变你们的辉光的同时，你们就在改变你们的生活。你们的灵魂要进化，你们就需要精神上的力量。这种力量别人给不了；它必须要得自己挣。你们获得的圣光越多，你们向上攀登的意识就越高。光和意识是手牵着手的。当你们离世时，你们的名利都带不到彼岸，但你们积累的圣光却能随你们走。圣光是你们所拥有的最珍贵

---

[1]本书中的术语"精神能量"和"圣光"交互使用，含义相同。

的东西。它决定了你们的意识状态。它决定了你们在精神进化中所到的位置。精神成长虽然没有捷径，但练习圣光冥想，并将这种力量应用到生活中去，有助于建立一个传导性的环境，以加速你们的精神成长，加强你们与来自精神诸世界的神性力量的联系。

第二章　　你们的宇宙故事

精神进化……是唯一阐明地球存在问题的内在事实……
除此之外，我们在这里生活的意义仅凭智力是难以理解的。

—— 室利·阿罗频多

你们的精神上升真是生命的一个奇迹。其成长必历经艰险，要通过天地万物的各种各类维度，能做到此举的能力是无与伦比，令人难以想象的。为了理解你们的进化疆域，让我们从讲述一个故事开始——你们的宇宙故事，你们来自哪里，你们要去向何方。

大多数孩子会问："我从哪里来？"一旦我们对我们的生活和周围环境有了足够的觉知，我们就有了一个想知道我们人类起源的基本需要。然而，通常人们会认为生命始于肉体的出生。虽然这是你们在地球上生命的开始，但并非是你们的开始！形而上学教导说，你们不是你们的身体。你们是一个灵魂，你们的灵魂在你们出生之前早就存在了，在你们通过大家称之为死亡的这道门后还会继续下去。你们的灵魂就是一粒属于永存生命而又具备个性的火花。这意味着你们的灵魂，以某种形式，一直存在着并将永恒存在。

你们的灵魂并不孤单。你们的与我的生命都是同样生命的一部分。我们都是无限的生命海洋的一部分。这片无限的海洋已有的名称不尽相同，（归根结底，它是没有名称的)。在本书中，我们称之为"所有存在的未知根源"。我们都是未知的根源的一部分。它是一切事物的核心。宇宙中的一切都出自于这个未知的根源。它在印度哲学典籍奥义书中，它是本原的梵，就是"终极实相"。在中国哲学中，它是精髓，被称之为道。

　　有时，灵魂应要在未知根源的海洋中入眠，有时，为了进化和成熟到更高层次的意识，它需要离开未知的根源，进入创造性的表达状态。这就是我们的宇宙故事真正开始的地方。它是从上帝开始的。

　　上帝是所有存在的未知根源的，至高无上的、可以定义的表达。在形而上学看来，上帝是一切过去、现在、将来的造物主。上帝是全能的，无所不在的，无所不知的。祂广袤无垠、长久永恒、无穷无尽、绵绵不绝。祂是不灭的心智和永恒的爱，是所有创造力的源泉，是神圣计划的设计者。上帝即是生命的规则又是生命的表达。因为我们永远是生命海洋的一部分，所以我们也永远是上帝的一部分。上帝是永存的，祂通过张弛有度、动静相宜、收放自如的无限循环，不断地创造生命的新体验和新维度。生命的展现绵绵不绝，生命的进化永无止境。当上帝决定创造我们的宇宙时，祂呼出圣息造物，新一轮的创世周期便由此开始了。

　　我们不朽的灵魂就是通过此轮创世周期的出现而诞生的。上帝的动力和磁力关系，即天父/圣母上帝，两相交感和合于爱，产出我们不朽的灵魂的人类化身。我们出生于最高的精神领域——上帝的国度。万物作为造化的一部分，最终都是从这个神圣的来源中汲取营养和力量的。这个巨大的领域囊括所有层次的万物众生，包括天堂和尘世。正如上帝教导我们的，这个地方流光溢彩，气势恢宏，美到无以言表，到处都充满了爱。它不仅是人类，而且是所有生命层级，包括天使和大天使的所在。每个人类的灵魂都在这个神圣的领域开始它的旅程的，因为我们都是同一个上帝的孩子。

我们出生时没有形态——我们是在上帝怀抱中的婴儿。作为精神婴儿，我们那时虽无法与上帝沟通，但我们对神性的脉冲是有知觉并有反应的。上帝是父母，哺育着我们，我们在光辉的天界里生活得很快乐。然而，从一开始，给我们的计划就是离开这个神圣的地方去体验创造。上帝让我们做好准备踏上发现和进化的非凡旅程。我们被送到遥远的地方去体验和成长，这样我们就可以作为完全成熟的人类灵魂回到上帝的国度，成为与上帝一起的共同创造者。凭借我们与生俱来的权利，我们被赋予创造，表达自我，为生命做出独特贡献的精神自由。

我们的出生是无数其他人类灵魂的生命浪潮的一部分——我们在光明中的兄弟姐妹——我们会和他们一起踏上这一庄严的朝圣之旅。我们即不是人类灵魂的首波生命浪潮，也将不会是最后一波；上帝生产了很多次。这意味着我们将遇到比我们"年长"的灵魂，更有经验，在精神道路上行得更远。我们会敬仰这些灵魂，向其寻求导向和指示。我们将会遇到那些还没有走到我们现在这么远的灵魂。这些灵魂"年轻些"，在他们的人类旅程中经历得少些。我们的任务是支持这些更年轻的灵魂。无论我们走到旅途中的哪里，我们都承蒙上帝同样的爱，我们都同样重要。

　　一旦我们在天上的婴儿期吸收了美和力量，精神朝圣就开始了。为了着手这段伟大的旅程，上帝赋予我们许多必要的配置。我们获取了一个天堂形体，它就留在上帝的国度里。这个天堂形体将是"按照上帝的形象和式样"造的。当我们完成了朝圣，回到家里时，我们就居住在它里面。我们在精神旅程中要途经各个维度，这个天堂形体将作为我们寄居的无数个其它的载体的指路明灯。它是流向我们的圣光和灵感的终极使者。

　　我们也得到了一粒上帝精神的火花，让我们在旅途中与上帝保持紧密联系。这就是"内在的上帝"，我们要通过许多精神领域，在这个过程中，逐步把它唤醒。这粒上帝的火花和我们的心靠得很近，比我们的手和脚离我们更近，所以造物主的创造之火会在我们每个人的心中燃烧发光。这粒上帝的火花将成为我们的精神指南针，所以无论精神的道路带着我们往哪儿走，无论我们经历了什么，无论我们把自由意志导向何方，我们也绝不会完全迷失回家的路。我们还被赋予了一个更高的本质，它自有的神圣个性。无论我们在我们将寄居的领域里戴的是什么人格面具，我们的肉身将经历什么，我们将永远保留我们真实身份的标志。如此一来，我们就不会全部忘掉我们是谁和我们是做什么的。我们的福佑还有一个是神圣精神，它是我们灵魂的父母，它和精神管理层一道工作，并随造化给灵魂上课，这些课程之多不胜枚举。

准备工作的最后一举就是,在离开上帝的国度走上伟大的朝圣之前,上帝将我们与另一个新生的灵魂配对,其振荡频率与我们的完美契合。这是一个独立存在的完整灵魂,是我们的"灵魂伴侣"或"精神伴侣"。这将是我们在漫长的创造之旅的途中知己和良伴。我们的灵魂伴侣也会经历它自己的精神之旅,边学习,边成长。朝圣中,当我们相聚一起时,我们就会同欢乐,共悲伤,分担考验,挑战,成功和胜利。在旅途中,有时我们会共同历险,有时我们也会分开。最终,我们的灵魂伴侣注定要与我们一起回到上帝的国度。

在朝圣的方方面面,精神管理层总和我们同行,引导和激励我们。一旦我们离开上帝的国度后,我们要经历生命的许多精神领域和领域,在那里隐藏着对上帝的觉知,我们的任务就是,要通过许多精神的觉悟,在创造的各个方面,重新发现上帝和生命的永恒经验。每一个发现,每一道光明,都将把我们的意识带入对上帝的更大觉知,使我们与生命的神性本质关系更加成熟。

朝圣之旅的启程

当朝圣开始了,上帝循序渐地进引领我们通过我们每一个精神领域,这些是我们回家的旅途中,早晚要经历的进化evolution 过程。卷化 involution 则是一个将灵魂沉浸于造化的过程。神秘主义者把灵魂降落到物质内叫做卷化。它非同于退化 devolution，退化是由于严重的失误和滥用才能和能力而导致的精神基础丧失。卷化不是由任何失误、过错或惩罚而产生的。正好相反。这是我们的造物主给我们的机会，要成为更伟大的精神存有，非经此不可。

在我们穿越天堂诸世界的降落过程中，为了和相关的天堂领域建立联系，我们得到了与之相适应的各个天堂形体，当我们开始进化过程，途径这些天堂领域返回时，这些天堂形体就是我们经历这些世界的必备之物。随着我们降落的每一层，我们都被赋予了精神上的力量。上帝开始建立我们的辉光场，以及我们将会需要的心智和情感工具。当灵魂在经历此番降落时，它对周围的环境有了部分的觉知，并对天堂的广袤和将要经历的之多感到惊讶。当我们对我们所在的世界越来越有觉知了，我们对我们从何而来却知之甚少了。

从天堂诸世界开始，我们穿过了生命的其它领域向下降落。这些包括行星际诸世界，星光诸世界——也就是目前我们中的许多人在升程中正通过的领域，——继续向下降落，穿过所有原始的各领域——我们在进化过程中，很久很久之前曾经经历了那些原始的领域。当我们经过每一个领域时，我们继续被赋予精神力量和工具，尽管我们当时并用不着它们。当我们降落到离上帝的国度最远的地方时，种子就播下了，我们的灵魂即此成了天地万物的一部分。在我们的降落过程中，上帝为我们的精神回归建立了整个辉光框架。我们现在持有了体验生命需要的所有工具，开始了漫长、稳固的进化过程。尽管回家的旅程需要很长的时间才能完成，但路已经铺设好了。

然而，在这次降落的过程中，我们遗失了对上帝和我们神圣起源的觉知。我们忘却了我们到底是谁，是做什么的。这一次，也不是由于我们这方面的任何失误。相反，这是沉浸在造化中的结果，遗忘是不可避免的，也是我们学习经历的一部分。我们的灵魂开始认同它周围的环境，而忘记了它来自的那个荣耀的领域。它现在需要通过努力和抱负去学习和成长。这将成为一个戏剧性的进化过程：从离开生命的根源而导致的感觉上的紧张不安，历经一个又一个精神维度后，终有一日，重现发现自己和生命的根源是融为一体的，万象归元。

当灵魂沉浸在造化之中时，灵魂并没有完全忘记它是谁。认识的种子一直在那里——天堂的弦音在我们的意识里回荡，点拨我们自己起源的实相。朝圣之旅的欢乐、爱和成就，总会鼓励我们走得更远，提醒我们生命的美好。痛苦、磨难和悲伤会提醒我们，无论我们所处的领域和条件如何，都还没到最终的目的地。更伟大的东西在等待我们。

我们的精神进化是自下而上的，要通过原始而又美丽的诸多领域——这些领域我们在很久以前就经历过了。体验世间的有肉体的生活也是我们精神进化的一个组成部分，当这个时间来到时，我们就开始了轮回转世的过程。我们会在地球上经历多次轮回转世，在各种各样的人类体验中，学习和成长。在每一次轮回转世之间，我们会回到精神领域吸收所学的东西，并在那些内在世界里继续参与工作和奉献，等再回到地球后，接着打磨我们的技能和获取真知灼见。地球就是非常合宜的精神校舍——一个必不可少的但只仅供暂留的住所，是我们在精神旅途中必需的，重新焕发生机的加力站。

自从我们沉浸在造化之中，人类便一直经历着一场非凡的精神探索和发展的旅行。无论是个人还是集体，我们已经历了生命的许多领域，才进化到今天的地步。然而，与等候我们的精神荣耀相比，我们仍然处于童年期。迄今为止的旅程很是壮观，但我们回程的前方更为壮观！

有序和谐的宇宙的视觉异象

那是在教学生涯的早期，一次，我像往常一样开始冥想，为下节课做准备。进入冥想状态后，我的意识被出乎意料地提升到一个非常奇特的地方。我仍然完好无缺地存在于身体内，但被授予了一种能看到精神领域的视野。在这种视野状态下，让我看到了行星和恒星。我能在我的脑海中清楚地看到它们。我正以极快的速度掠过有序和谐的宇宙。我看到自己到了太阳系之外，穿过其它太阳系和星团。令人难以置信地见证了银河系的美丽，它是多么的浩瀚无垠、扑朔迷离且又生机勃勃。

随着这个视野的继续，我看到自己被提升到星星之外，到了我们的银河系之外，并从外面看它。这个经历真是太令我惊叹了。银河系看起来就像一颗拥有无限切割面的璀璨宝石。当我惊奇地凝视着这奇观时，我意识到我作为一个人类的灵魂在宇宙秩序中的位置。在这个难以想象的宏伟壮观的宇宙中，这个视野并非使我感到自己的微不足道，反而让我觉得自己是与之紧密结合的一部分。它搅动了我的内在，我难以言表，但却令我更加意识到，诞生于上帝的我是多么神圣。

随即，我便感受到上帝的临在，那神圣的振动立时让我产生敬畏和崇敬。临在的感觉逐渐加强，银河系开始像玫瑰的花瓣一样"开放"，每一片花瓣都是生命的一个精神维度。这让我屏住了呼吸，因为这个形象揭示了生命的许多维度——这些维度是相互渗透，但又各有不同，自成一体。在视野中，这个星系在一团耀眼的光线和色彩中展现出来。

当我在我的脑海中目睹了这些多维度时，我感到了完整无缺的同一。所有这些精神层面的维度都是伟大整体的一部分。尽管如此宏伟壮观，但上帝向我昭示，银河系的所有的维度固然荣耀，万千造化固然惊叹，但这都是对某种更大存在的表达。我坠入了一种精神上的无限喜悦状态。无比幸福，欢快的心情，难以用语言来形容。虽然是荣耀，我仍然明白到这"只是"一种由上帝授予的视野。事实上，我并非处在这些宇宙的维度中。然而，我禁不住地想，如果说这仅是一个视觉异象，那么实际在这些精神维度的生活又会是怎样的呢？

在我的感知中，没有任何口授，我却豁然大悟。然后我看到自己加速通过恒星"回到"银河系，最后抵达地球。然而，我不仅穿越了物理的行星和恒星，还穿越了精神维度的全景观。这是多么荣耀的事啊！当视觉异象结束时，我发现自己又回到了我的肉体意识中，我仍然能感觉到恒星、行星和卫星在心中移动。我知道所有这些精神的维度都是我的一部分，它们同样也是每个灵魂的一部分。它让我真切地感受到了生命的荣耀。

我一直对这一视觉异象保密，之前从未对外讲过这一经历。我认为这是我生命中最神圣的时刻之一。我之所以现在分享出来，是为了激励和帮助你们感受到，同属你们的辉煌精神传承。

天堂在哪里？

当我们抬头仰望星空时，我们都惊叹宇宙的浩瀚无垠。其神秘莫测远超我们的想象力。作为研究精神进化的学生，我们对星系和恒星的物理架构了解得越多，我们就越想知道在这广袤的万有之中，上帝位于何方，以及我们作为人类的灵魂怎样与之切合。我们知道得越多，我们就越渴望知道。要更深入的地了解世间的有肉体的生活，就需要对精神生活有更深人的理解。

天堂和死后的世界不是幻想也不是梦境。彼岸是真实存在的。在很多方面，它比世间的有肉体的生活更真实。它也不是一种朦胧的、不分明的、原生的能量。精神诸世界是组织有序结构分明的。我们在世间的有肉体的生活中看到的一切——以及更多得多的东西——都存在于精神领域中。尽管物理宇宙如此浩瀚无垠，但精神宇宙却更驰骋、更包罗。正如帕拉宏撒·尤迦南达在他的书《一个瑜伽士的自传》中所说的那样，"万千的物理造化整个儿就像一个固体的小篮子悬挂在巨大发光的星光球体下面[1]"

为了熟悉精神诸世界，我们需要改变一下我们看待宇宙的方式。如果你们能够用一个精神望远镜来观察我们的太阳系——一个能看到生命的所有维度，而不仅仅是物理维度的望远镜——你们就会感到震惊。你们能看到东西，比用最好的物理望远镜看到的都要多得多。包罗的更多的行星：更大，更活跃，因为你们可以看到它们的精神维度。你们会看到许多在物理领域并不存在的行星，它们到处都有生命和活力。即使是我们的太阳，它看起来也会更美丽、更宏大、更加活跃。这个神秘主义的短语说的好，不是空间概念的空

---

[1] 尤迦南达引用了他的教师（圣尤地斯瓦尔）对星光世界的描述。

间：看起来空间是什么都没有，在本质上，却是充满了生命和活力。

正是这些精神维度构成了我们所说的"彼岸"或"死后的世界"。它们在宇宙的大空间中是共存的。无论是作为脱体的一种经历，还是通过大家称之为死亡的这道门，当我们体验彼岸时，我们就是从我们来的地方进入精神的行星和世界。我们这样做的次数已经多得数不清了，但每次轮回转世，我们都把死亡认作可怕的事，但事实上，它却并非如此。这是最自然不过的一件事情。恐怕它仅是我们在当前肉体中经历的结束，而我们的灵魂仍在继续。死亡只不过是生命从一个维度到另一个维度的途中经过。

为什么我们的意识并未觉知到这些精神领域呢？我们是沉浸在尘世间的有肉体的生活中，这掩盖了我们对非物理领域的觉知。要穿透物质的面纱，就得要寻求精神。这是朝圣的一部分：要过拥有精神的生活，在所做的每件事中发觉上帝。随着你们过着虔诚的生活，彼此关爱，并追求你们的目标和潜力时，你们逐渐就会觉醒到精神诸领域的实相，并在意识上搭建一个通往内在世界的桥梁。

精神宇宙学

在通过万千造化的朝圣过程中，要经过许多层次的意识进化。对此诸多领域和我们在神圣的进化计划中所处位置的研究，被称之为精神宇宙学。精神宇宙学在所有形而上学的科学中，是最古老的学科之一。它被认为是解开诸多神圣奥秘的万能钥匙。古人把对行星和恒星的研究看作是一种精神体验。颇具讽刺意味的是，当今许多人把对有序和谐的宇宙的研究看作是某种东西，与他们的个人生活则毫无关系。然而，我们在地球上的生活经历却与有序和谐的宇宙息息相关。正如诗人弗朗西斯·汤普森所写的那样，

> 不朽之力造就万物，
> 或近或远，
> 互不知晓，
> 虽是无晓，
> 遥相呼应，
> 拨弄一朵花
> 一颗星就动了。

我们经常忽视掉有序和谐的宇宙对个人的意义，因为我们的人格是如此专注于它自己的事务。然而，在我们所在的星球上生存是要完全依赖于其生活资源的。我们的生命完全有赖于太阳；它的行为即使出现微小的变化，也会对地球产生巨大的影响。我们深受月球的影响。昼夜的节律、用年月周日计算时间的历法，以及季节，全部视行星的影响而定。其影响众多，还不仅于此。在精神层面上，我们完全依赖有序和谐的宇宙给我们的精神营养和支持。

　　当你们观察宇宙时，你们是在瞭望你们在天堂的家园。古代的神秘主义者认为宇宙是一座大房子——一所宫殿——你们我都住在那儿。曾经有过的这样的论述，认为地球是宇宙的中心，它被行星和恒星包围着，但这个论述远远不仅是一个原始的、以地球为宇宙中心的学说。这是一个隐藏的，从尘世意识到天堂意识的，精神上升系统。无数个世纪以来，这种技术成功地引导灵魂回到了他们不朽的家园。

　　具有讽刺意味的是，这种在当时被理解和欣赏的古老智慧，在现代却被埋葬，被视为过时的古老的迷信或民间传说。我们为创造了当代奇迹的物质科学而感到自豪。但这并非故事的全部。无论我们的年龄，抑或我们的信仰有什么不同，我们一如既往地是同样的、由精神引导的灵魂。的确，有关物质世界和精神世界的旧有迷信会因我们的成长而过时。这是正常和自然的。然而，随着更显著的事实浮现，现在比任何以往，更是科学和精神学携手合作的时候了。

　　没有人知道万千造化的极限，生命的维度叠加。作为进化中的人类灵魂，我们只能看到与我们相关的领域。精神维度的用辞在不同的奥秘传统间是不尽相同的，不要弄混淆了。通常，他们所谈的是同样的事情。在这里，我们将使用的是光国学说，但也参考其它的文化实践，以期发现精神真理在根本上的一致性。

　　在这本书中，我们将探索与尘世分开的精神诸世界的四个广泛的区域，以及它们与我们的精神成长的联系：

星光诸世界

在通过这些精神领域的进化的同时，灵魂开始以肉体的形式轮回转世，建立它的强大智力，并潜入生命，唤醒觉知，以最终导致精神上的觉悟。

行星际的诸世界

在这些领域中，觉悟的灵魂将其所有积累的才能和经验聚集在一起，为上升天堂做准备。

天堂诸世界

在天堂的世界中，灵魂达到了一种完美的状态，挣得了"脱离生死轮"的方式，并在学习成为一个与上帝共创的存有。

上帝的国度

在这里，灵魂达到了人类成就的顶峰，并成为一个完全成熟的，与上帝共创的存有。灵魂已经回到了家。

上帝的国度

七重天堂

七精神的国度

精神之光的国度

内在之光的国度

众神的国度

创造之国度

光之国度

精神以太亚

行星际的诸领域

以太诸世界

因果诸世界

心智诸世界

星光诸世界

说明 2-1：上升经过的精神层次

天堂既在外，天堂又在内

　　精神领域的奇迹在于它们不仅有实际的体验位置，而且也是内在的意识状态。通过学习、发展和唤醒内在的神性，你们展现了你们的天堂部分。精神领域现正在渗透你们。这些你们都不会觉察到，直到你们唤醒了精神感官才会有感知。如此一来，上帝就不是"外面的某个地方"，而是你们天生的一部分。

正如神秘主义者和神学家伊曼纽尔·斯威登堡描述他死后生活的经历：

> …因为天堂在我们内心中，而内心有天堂的人们就进入天堂。我们内心的天堂是我们承认上帝的存在并受上帝指引的确认。[2]

---

[2] 《天堂与地狱》伊曼纽·斯威登堡 Emanuel Swedenborg 著

第三章　　过世后的生活和现世的生活

有怎样的联系

霍拉西奥，天地比你们的哲学中所梦想的要多。

—— 莎士比亚

当我 19 岁的时候，我的家人，经过多年的颠沛流离，定居在洛杉矶了，那个家宅虽然简朴但很温馨。到那时为止，我的内在世界的很多经历都是关于精神发展的。而后我有了一次经历，这改变了我对天上的生活与地上的生活之间的关联的观点。在去彼岸的有一次旅途中，天使们没带我去圣殿即训练中心，而是去了一所美丽的家宅，它坐落在一个风景优美的海边。那所房子看起来很坚固，似乎是用石头做的。现代化的设计中带点地中海的印象。虽然当时我已经学到过，人们在彼岸确实有家，但我还是想知道为什么专门把我带到那个家宅，住在那儿的又是谁。

天使把我领了进去。房间宽敞明亮，多面可见海景。虽然并非是一座豪宅，但有着宫殿般的开阔和讲究。那儿似乎没有人，但其中一个房间里点了蜡烛，所以显然有人住在这里。天使把我带到一个可以俯瞰大海的阳台上，这里又是一番美景。我当时想，住在这儿的人，不管是谁，都该是很幸运的。当我适应了周围的环境时，我有了一丝熟悉感。我们再回到屋里时，一只德国牧羊犬过来迎接我。他长相帅气而友善，似乎认识我。我抚摸着他，感觉我也认识他。接着，我意识到我在哪儿了：原来这儿就是我的家啊！

天使们笑了笑，肯定了我的想法。这是我在轮回到地球之前住过的地方！在我的轮回期间，这个房子一直在被维护着。这让我更加意识到，彼岸的生活是多么的熟悉，与尘世生活有许多相似之处。我开始把振动调谐到住在这里的人的频率，我几乎都愣住了。用不着我说我在想什么；天使们知道我的想法，并肯定地点了点头。住在我家里的那个人是我的灵魂伴侣！我虽没有看到他，但我的心充满了喜悦，因为我是如此接近我的深爱。很快的，我发现自己又回到了我的肉体，在洛杉矶的家中。这段经历在我的心中停留了很长一段时间。这让我意识到我们得到的支持有多么大。

在这一章中，我们将探讨在尘世中，精神诸世界怎么会是你们生活的一个组成部分。地球的尘世生活和精神生活同属一个生活。你们不能把这两者分开。你们在这里所作所为影响你们在彼岸的生活，你们在彼岸的生活也影响你们在这里的生活。这么做的目的或者理解精神诸世界的运作情况，不是为了否定你们在肉体中的经历，而是为了让你们更好地珍惜在地球上的宝贵时间。

尘世的生活是一种精神上的必需品。作为一个人类的灵魂，你们的成熟仅靠在精神诸世界中的生活是不能达到的。在肉体中的经历是你们的精神成长的一个关键要素。其实，尘世的生活比在任何地方的生活都使你们成长得更快。为什么呢？因为在尘世的生活中会有阻力。做事情并不容易。要获得，则必须付出更多的努力，如此以来，你们就会变得更加强健，增加更多的精神之光。

天堂理应被带到尘世。你们应当做的就是，把内在世界的运行质量，更多地在尘世中表现出来。这就意味着整个社会，在个体和群体中均要发生。内在的管理力量是要反映在地球上的管理力量中的。你们对遥远的未知的生活了解得越多，你们在这里的生活就安排得越好。它激励你们以一个更高的标准生活，并鼓励你们采取更大胆的步骤展现你们的精神发展。你们的尘世生活越是反映你们的内在生活，流经你们的岁月就会越美好。

精神诸世界的大致状况

为了理解物质世界和精神诸世界的关系，我们就从精神领域开始吧。让大家在总体上，对难以想象的精神诸世界有一个大致的了解。对于这些精神层面的更为详细的内容，我们将留待后面的章节讨论。死后的世界的变化是纷繁复杂的，即使提供的是大致状况，也还是有一些挑战。这里的精神层面很多，各个层面要经历的都是独有的，没有雷同。这就是为什么内在生活是如此激奋的冒险！

大自然的基本力在彼岸和在这里是一样的。天堂和许多通向天堂的诸多精神领域都是由精神领域的太阳和行星组成的，但究其数量级，比物理领域更为宏大。所有的精神领域都有某种原子结构。此外，也有某种精神电磁能。引力也存在于所有的精神行星上，但其表现各有不同，尤其是在较高的领域，物理生活中不可能利用的引力，用奥秘的方式则可达到。

除了我们所认识到的大自然数种力之外，还有一些精神力在起作用。虽然它们在尘世的生活中运作，但我们却觉察不到。除非某人已经发展出了感知它们的能力。尽管如此，我们依然从它们的影响力中受益。在精神诸世界里，我们会逐渐地觉察到这些精神力的。我们开始了解到，光谱诸色中的圣光都具有非凡的影响力。我们也开始觉察到造化中其它无处不在的精神力量。当你们学会融合这些力量时，你们便能成就令人叹为观止之事。

在精神领域，你们会发现更多样化的景色和大自然的表现。有些环境很简单；还有些则比地球上的要壮观得多。在精神领域中，有远景、湖泊、树木、海洋、山脉等等。有不同的动物，不同的气象，也有季节和昼夜的变化。这些可以美到极致的自然环境，使人深刻地领悟到生活的神秘性。

精神诸世界中生活的一个关键特征是与精神管理层的互动。在这里的尘世生活中，和我们齐心合力的也有天使、大天使和其他的精神存有。但在精神诸世界和物理的尘世之间，有一层在精神的世界里并不存在的面纱。所以，除了少数已经发展出了精神的感官能力的人以外，我们都无法感知圣者们。可他们的慈爱和威严带来了一种巨大的信任感和稳定感。有他们为伴，令人非常放心。即使生活中有很多的东西我们还不懂，我们知道有更伟大的手握着我们。

如果不在肉体内，你们在什么载体内呢？在一个适合你们所在领域的载体内。例如，如果你们在星光世界，你们就住在星光体内。如果你们在以太世界，你们就住在以太体内，如此等等。但无论在哪个领域，这些精神的载体的品质和特征都与你们肉体的相似。否则，你们会感到与所居于的非肉体的形式脱节。精神领域的载体看起来和你们很像，其外貌也是从一个轮回到另一个轮回都有变化的。当你们过渡到彼岸时，你们的外貌往往会重新回到一个更年轻、更青春的状态，但情况并非都是这样。

精神载体不会像肉体那样死亡。事实上，我们在彼岸并没有死。例如，星光体——当我们离世后到彼岸居住的形式——可能会严重受伤，但不会到致死的地步。就这样，星光体是不可摧毁的。如果星光体受伤了，上帝可以使其康复。如果它的伤势很严重，此人便进入休眠或者是冬眠，直到圣者们唤醒他们。因为我们拥有更强壮，更容易恢复的形式，这就意味着我们在精神诸世界中更敢于冒险。这也并非说尘世生活中有的无尽的苦难，到了精神诸世界就不存在了。彼岸也有痛苦，但表现的方式不同。

彼岸有暴力行为吗？有的，是在欠发达的领域里。但并不及尘世生活中存在的，那般残忍程度和等级。在较高的领域里，并没有我们所认为的暴力行为。倒是有激荡和挑战，但没有为获利而伤害他人的行径。这种非暴力行为也延伸到了动物的国度。在精神诸世界里，动物以其它的方式来获得营养，所以它们之间也没有互相厮杀。在彼岸，我们不食动物肉；大家基本上都是素食主义者。营养摄入另有途径。

精神诸世界里，是没有生育的。因为在彼岸没有死亡，所以就没有出生。虽然有婴儿和孩子，但那是他们在夭折时的形态。孩子们在离别尘世后，他们的儿童载体和童稚的意识状态都保留下来了。他们在彼岸继续"成长"。这里也没有我们所认为的婚姻或家庭。然而，也有一些家庭类型的团体来抚养精神世界的孩子。

如果没有生育，那还有性和恋爱吗？有的，亲密关系都在。你们会经历深刻的和充满爱的交流，但对于性，却不像在这里经历的如此强调。爱的表达无穷尽是精神诸世界运作的一个原则。特别在较高的一些领域，爱是所有活动力的根源。爱的交流方式比在尘世生活中更美妙、更优雅、更直接。在彼岸，我们最丰富和最深刻的体验之一就是对爱的体验。

在精神诸世界里，所有人类都有共同的天赋和能力，比如心灵感应。心灵感应最简单的形式，是从他人那里捡拾思想，以及把思想传递给他人的意识能力。这种情况在这儿有，但我们经常并没有觉察。也许你们在杂货店，你们的配偶正想叫你们买西红柿。虽然购物清单上没有它，但你们终于买回了西红柿，因为你们的无意识捡拾到了这个想法。在精神诸世界里，这是在高得多的意识层次上完成的。因为心灵感应是自然而然的，所以要向他人保密或隐藏你们的感情会更加困难，这有利于更加坦率和诚恳的人际关系。当你们进化到更高的层面时，心灵感应的天赋就会大大加深。天使和其他神灵与你们之间是通过心灵感应来沟通的。由于他们的心智运作频率极高，以至于这些心智沟通的瞬间就使生活得以改变。

彼岸的活动和生活方式

有一个传统的形象是，天堂的人们飘浮在云端，身穿白色长袍，弹奏着竖琴。事实上，在精神领域中活动很丰富。大家可以学习、娱乐、工作和探索。都有宅居，美好的人际关系，从事喜欢的工作和活动。

你们在彼岸的品性和你们在这里的品性没有多大的不同。如果你们一直都活在欺骗和谎言之中，当你们过世后，也不会突然成为圣人。这是有连续性的。如果情况大相径庭，那么彼岸的生活就难以接续。你们和你们周围的环境就联系不上！与此同时，精神诸世界确实会带出了在尘世中有时被压抑的品质和特征。所以在彼岸的你们和这里的你们并非全然相同。

在死后，生命的活动可分为三个大的方面。你们一旦过世了，首先就会有一段适应期。你们脱离地球尘世的生活后，在这段时间里休息。你们的任何疾病以及精神和情感上的痛苦都要得到疗愈。你们也要回顾在尘世上的生活，看看你们在哪里成功了，在哪里你们可以做得更好。如果你们曾做过坏事，你们就会花时间弄懂你们犯错误的原因。解决行为的问题可能需要很长时间。灵魂品质的弱点则需要更长的时间来克服，而且通常需要多次轮回，在来世里巩固。如果你们在尘世多有善举，你们就会享受到这些福泽，经常还会继续行善。我的父亲就是一个例子，他是一位工作出色的希腊东正教牧师。在他死后，我曾有幸在彼岸见到他，他让我看到，他还在继续做他的祭司工作，充分地发挥其作用。

第二个方面涉及到你们所参与的，与尘世生命无关的活动。这些部分属于精神世界的生活。这些活动可能是非常令人兴奋的。有些与你们的进化有关，而另一些则是你们所生活的领域内的精神动态部分。第三个方面的活动与紧接的来世有关。这就是你们为再次进入尘世间工作，做事前准备。你们在轮回转世之前，在各方面就为在尘世的命运，做好了计划和搭建了途径，为的是用那个有肉体的生命实现你们在神圣计划中要达到的目标。

那些已经死去的亲人怎么样？你们可以看到他们了吗？答案是完全可以！死亡并不能终断爱的纽带。如果你们真的爱某些个人，他们也爱你们，你们就会重逢，那些时刻是很欢乐的。另一方面，如果在尘世没有爱的纽带，比如说，没有爱情的婚姻，就不会有如此的重逢。爱的重逢也会延伸到了我们的宠物身上！我们宠爱的动物会在彼岸等着我们，欢迎我们进入精神世界的新生活。

虽然和我们所爱的人相见令人喜庆，但我们和他们的关系将会有所不同。例如，在尘世中相互疼爱的父母/子女的关系到了彼岸就不再是了，因为我们不再扮演相同的角色了。此外，我们所爱的人经常参加的活动，与我们和他们在尘世中共同参与的活动并不相干，所以我们也不会再有同样多的共度时光了。此外，一旦我们成为了精神世界的公民，我们就会重新发现与我们在往世中认识的其他灵魂之间的美好友谊。现在是重新激活这些关系的大好时机了。

彼岸有文明吗？绝对有，而且比这里更精彩。那里没有国家，但有像省份一样的区域。还有城市，但没有如曼哈顿、伦敦或东京那样拥挤的生活中心。一般来说，生活大都分布在区域。从一地到另一地的交通有火车和轮船。也有一些汽车和少数飞机，但它们和我们这里有的不太一样。有管理机构，其指导者是精神管理层，所以没有腐败和自私自利。在政治上，部长中也有人类参与管理，他们在工作中与圣者们亲密合作。这些关系和互动表明，当政治关注于民生改善，会是多么卓有成效并满足于民众。

与圣者们的互动影响着人类活动的所有领域。医生从疗愈天使那里学习更多的治愈知识，艺术家们从音乐、艺术和文学天使那里学习他们的艺术。法律精英可以在行动上配合伟大的天堂存有，比如因果之主，也是神律的化身，以理解生命的永恒法则是如何运作的。精通科学的天使给数学家和科学家以灵感。甚至还有商业和工业，因为每一项惠及人类的发明都是先在彼岸构思好并创造出来的。人类在每一个领域的努力都受到慈爱的精神管理层级的灵感启发和引导。

幸运的是，因为没有死亡，也没有对土地和动产的追逐，也就没有战争。然而，因为有一些恶灵，所以有一种心灵类型的战争，它发生在某些精神维度。这可能和任何类似战争的情况一样具有毁灭性，但也是生活经历的一部分。在精神诸世界里有痛苦和磨难吗？有的，我们仍然具有同样的人类脆弱性。愤怒、疯狂、恐惧、焦虑、嫉妒、怨恨、抑郁、心智和情绪上的障碍，偏执确实都存在于彼岸。

文化和习俗也在继续。如果你们喜欢在尘世曾专心致志的文化，你们可以继续这种体验。与此同时，彼岸也有一些独有的风俗。你们也可以保持你们的宗教信仰。另一方面，你们会受教育，了解所有宗教的原始意义和意图都是美好的，以及他们如何从同样的神圣来源中汲取灵感的。

大家都住在社区里，如上所述，除了那些为照顾夭折过来的孩子们而组建的家庭，就没有其他的家庭了。往往也有人喜欢和他人搭伙生活，但许多人都是各自为家的。生活的节奏各不相同，也有跌宕起伏出现，但总的来说，生活的流动是渐进式的，与尘世的生活紧张压力大是不可相提并论的。人们相处更为周到体谅，善良慈悲。

在许多我们这里还没有的发明中，有一种是全息电视，但没有你们在尘世上看到的节目量多，因为人们还有许多其它活动，人们从事艺术活动，如去或参加戏剧和音乐会。在更开明的领域，音乐会是特别令人兴奋的，因为你们可以看到由音乐创造的能量思维模式，待亲眼目睹便知其何等壮观！

我们在另一边也有工作！但并非这里的朝九晚五式的工作，众所期望的都是服务于更大的良善。在此之上，不乏通力协作，勤奋努力的出类拔萃者。懒散放纵的人有之，敬业用功的灵魂亦有之。当你们进步到天堂世界时，每个人都勤于创造。人们对自己所做的事情非常有积极性，被分派的都是对民众大有裨益的，激励人的工作。同时，也有休闲和娱乐的时间，有欢声和笑语。你们可以参加运动项目，但是更随意些；没有像我们这里这样的专业竞技运动。

　　了解到这一点可能会令人惊讶，死后的世界竟也有某种货币形式。纸币或者硬币都不复存在了，有的是一种信用系统。虽然没有我们所认为的银行，但有保存和管理这些信贷的金融中心。你们通过工作和勤奋努力来赚取积分，让你们做更多的事情。繁荣是一种神圣的属性，所以建立繁荣是一种精神品质。这也是一种天赋，有些人比其他的人更精于此道。在这里，你们学习了丰度的价值和重要性，将其作为掌握你们所在领域的力量的一种手段。一旦你们到达天堂诸世界，当你们直接利用繁荣的神圣之流时，丰度的表达就会急剧增加。

　　令人欣慰的是，彼岸不存在极端贫困，因为没有资源上的不公平。这并不意味着每个人过得都一样。有些人过着简朴的生活，因为他们还没有学会运用繁荣的能力，或者所需的努力还不够。同样，也有一些非常勤劳的人，过着更富足的生活。

　　人们说的是什么语言呢？在精神诸世界中语言是神圣的。众所周知，话语中含有精神力量，经其振荡的传递会进入生命织构中，产生创造性。在彼岸，你们可以说地球上的任何一种语言，但每个精神领域也有自己的神圣语言。地球上的语言实际上是这些精神语言的某种反映。

最后要说的是，虽然死后的世界并非只关注精神进化，不过大量的活动都与此相关。有一种看法认为，精神层面是进化的地方，大多数人都与来自更高维度的圣者们互动。教育事业跟任何地方的一样，也有定期的精神训练，大都在专门建造的训练中心进行。聆听天堂存有讲课是很令人激动的事。你们知道他们所讲的都来自他们的经历，大家都会被他们的教学，加持，和智慧所折服。

你们在这里的行为和彼岸的生活会有怎样的关系

大多数的精神传统都教导人们，你们在这里的行为决定了你们在死后的生活。但丁在《神曲》中花了大量的时间详细描述了（在但丁那个时代）世人发现他们死后所处的生活皆依他们在世的品性和行为而定。毫无疑问，你们的行为在尘世和精神诸世界都有效力。例如，如果你们过的是特蕾莎修女式的圣洁生活，你们不仅是为大众在谋福祉，你们的善行到了彼岸还会继续。如果你们在地球上做了危害他人损伤自己的恶事，你们就会见到这些行为造成的负面影响。接下来，灵魂还得经历一段悔悟期，然后开始一段救赎过程。面对自己所犯过的错误后，有些灵魂肯于接受；有些却固执己见。行为铸成毁灭性后果的灵魂会丧失巨大的能力，堕入冥界。这些地狱并非是灵魂的久居之处，而是他们需要呆在这些黑暗的地方以认识到他们恶行。

当你们过世后，你们的才能和成就会怎么样呢？还是依旧如此。莫扎特或贝多芬可以继续写音乐。这种天赋不会凭空消失。我的哥哥，菲利普，是一个世界级的歌剧男高音。他过世后，我看见他在彼岸继续唱歌和表演。至于财富，你们的钱和财产都带不到彼岸。但是，如果你们明智地使用你们的财富—如果你们慷慨、慈善、施舍，在金钱上积累了善业，这些会给你们带来福报。反之，如果你们虽富有但很贪婪，囤积居奇，到了彼岸，你们会发现自己所处的情况充满艰难困苦。

把从精神诸世界中获得的灵感带到地球尘世

精神诸世界最引发人们好奇心的方面是，地球上无论有多少成就均先产生于此。在精神诸世界里，你们花时间为你们即将到来的轮回转世做准备。如果你们中有位是一个天才艺术家，下一世轮回中的人生目的就包括要创作艺术精品，那么他在精神诸世界中时，就要开始发展对艺术的反应力了。当这位轮回转世到地球上时，便会充实其才能，使自己和心智感应相合，以使那些精神诸世界中已然形成的创造力顺从流入尘世间的生活。在意识上，你们可能对此没有记忆，但也许会诧异，不仅是就灵感而言，而且是感受上的如此完整和自然。这是因为，你们其实一直在把灵感从一个生命领域带入另一个生命领域。这不仅把创造力带到地球，还帮助你们和内在诸世界保持一致，灵感都出自那些地方。

关键是要敞开心扉接受灵感。但精力分散时，就难以办到。为什么最原始的创意有时会让年轻人获得呢？因为年轻人的头脑往往更为开放和灵活。然而，艺术和科学大师们却具有终生的创造力。古代剧作家索福克勒斯在 94 岁时还在创作杰作！如果你们能有条不紊地安排你们的生活，灵感也会成长和成熟，一如你们所愿。一旦你们变得僵化了，你们的创造潜力就会遭到毁坏，这是最令人可惜的事。当这种情况发生时，你们在精神领域形成的东西将会失去物化的机会。这既是灵魂的损伤也是人类的损失。因此，重要的是要有创造力、思路开阔、灵活和随时准备学习新事物。

不是所有的事情都是提前设定好的。所有的领域里的生命都是流动的，在你们轮回的尘世生活中，有许多获得新灵感的机会。许多年前，当我在制作我的综艺节目时，我们得要用一首歌来介绍这个节目。和我合作的音乐人都挺优秀，但我们就是想不出合适的歌曲，有明朗风格，吸引观众的东西。我不是做音乐的，但有一天，我灵光乍现，整首歌的旋律和歌词，突然间就冒了出来。我一路小跑到乐队，把我"听到的"唱了出来。他们记录下来，做了编配，它就成了节目的主题曲！这并不是我的创作。我很清楚这是来自彼岸的馈赠。

最终，你们的精神领域里学习的课程在尘世间得到充分的吸收。你们在精神领域逐步建立了力量，但最终的"建立力量的考查"，即检验某门功课是否真的学成结业是要在尘世中完成的。一旦在尘世中学成，这部分就成为你们的永恒表达了。

第四章　历史上对过世后的生命所在的理解

没有任何宗教高于真理。

——H·P·布拉瓦茨基，根据一句古老的印度谚语

　　打从会思考，有梦想，人类就一直渴望直上云霄。从远古开始，众多的天球，一如月球、恒星、行星和太阳就是人类就一直想要触摸的天堂。许多古代社会都相信，地上的天空即天堂本身。当我们死后，我们的灵魂飞上天堂，和我们的祖先和圣者们团聚。有些古人甚至认为我们死后就成了一颗星星。还有人相信，我们的灵魂有的也会堕落到地球深处，那里是很少数人才会去的冥界。如今人类正在探索宇宙，同时对天堂的好奇比以往任何时候都更为强烈。

　　天堂是几乎所有精神传统的背景。在这一章中，我们将来讨论天堂这一主题，以及在各种精神传统的背景下，你们的精神上升。在每个传统中都有独特的概念，但在观点和学说上贯穿的主线却是共同的。每一个真正的宗教和形而上学的教导，在本质上思考的，都是同一普遍真理的不同方面。尽管文化的表现各有纷呈，组群习俗对这些真理的解读方式也不尽不同，但所有的精神研究最终汲取的灵感都来自相同的一个源泉。

　　对天堂的历史观点是有些争议的。首先，许多的奥秘学说一直以来都是秘而不宣的。要获得诸如此类的智慧，在过去，须得加入专司传授的道场或神秘学校。这在当时是将学说仅传与那些准备就绪，能够理解接受的人而有意为之的做法，以保存学说的完整性。加之史上有过多次镇压迫害的时期，更迫使形而上学的教育转入地下。

　　另一个理解天堂历史的挑战是要把以直接的精神体验为依据的神秘洞察力与时下流行的一些幼稚的信念分开。文化看待天堂的方式都是与它们看待生命的方式有着普遍联系。如果对物质宇宙没有相当的理解，那么怎么可能对精神宇宙有一个清晰的理解呢？例如，古代阿卡德语单词"耶提姆"的意思是"超越死亡的，精神形式的，生命力的存在"。然而，耶提姆和肉体之间的区别也有含糊不清的时候，有些教课书中对耶提姆的提法，就似乎等同于肉体。这就是古人如此强调埋葬过程的一个原因之；他们相信一个人被埋葬的方式对他们的来世经历会有影响。即使在今天，许多宗教实践中的关于埋葬死者的规则和限制，都可以追溯到这些古老的信念。

　　然而，古代开悟的灵魂的确是通过他们的内在视觉异象和精神训练来理解生命和物质宇宙的根本结构。但他们难以公开地谈论这些原则，因为他们的理解不可自证。有些人做过尝试，但通常没人听信[1]。如此以来，神秘主义者会在私下教授时，采取一种方式，而在公开表述时，使用另一种方式。对于那些在精神学习的"圈子内"的人，采取的是直接

---

[1] 古希腊天文学家和数学家阿里斯塔克斯正确地将太阳作为太阳系的中心，并将行星按照与太阳的正确顺序排列。他进一步推测，恒星是太阳，就像我们这里的太阳一样。只是更加遥远一些。他的思想在他的时代并没有被普遍接受。具有讽刺意味的是，几个世纪后，哥白尼将日心说归功于阿里斯塔克。

明了的授课。然而，在向一般观众介绍形而上学的概念时，
他们会结合当时的风俗习惯和生活方式来表述他们的学说。
这使得古代的精神教科书很难读懂。历史学家和哲学家哥舒
姆·舒勒姆在谈到小屋的杰作《光明篇》时表达了这一挑战：

> 幽暗不明的原始思想和情感模式与深刻明晰的神秘主义
> 禅思，两者并存，一次又一次把人卡在其间[2]。

在我自己所受到的精神教育中，我经历了公开的和秘传
的两重教学方式。当我 11 岁的时候，我曾很幸运地和一位
赫密斯科学家一起学习。就外界看来，她经营着一家知名戏
剧股份公司，我当时在里面工作。私下里，她是一个神秘超
觉天赋者，也是一个第三代赫密斯科学家——这是最古老的
形而上学传统之一。她从不透露她的精神天赋和才能，除非
她感觉到别人也拥有那些才能。她能透视到我有了神秘的视
力，但我那时还不知道如何使用这种才能。

那时，我有过不少精神体验，多萝西帮我用正确的视角
来看待这些体验。她是第一个给我教授形而上学课程的精神
教师。那真是一段启发灵感的时光，让我终于明白了我经历
的是什么。作为她教学的一部分，她给我看了些出自欧洲的
赫密斯科学手写本。这些书都有几百年的历史了，甚至是以

---

[2] 《犹太神秘主义的主要趋势》哥舒姆·舒勒姆著

更古老的手稿为基础写的。在这些书中，有许多对精神原则的解释，包括对辉光色彩的解释和附带的插图，给人难以置信的启发。

这些未曾公开的书在风格和内容上都不同于今天公众见到的，内容并不完整的历史上的赫密斯科学书籍。尽管修习公开出版的奥秘教科书也会启发灵感，但这些未曾公开的手稿旨趣迥异，受众也不同。它们是为那些接受神秘训练的人设计的，写得一目了然毫不含糊，他们旨在传达的内容，即使是一个 11 岁的孩子也能理解其中的大部分。

关于天堂的古老诸传统

———

现存最古老的天堂历史记录可以在美索不达米亚的楔形文字泥板中找到。苏美尔人有一部国王埃塔纳的史诗，"曾有一个牧羊人升到天堂，他统治了许多土地（邦国）。"但关于这个故事的结局，留下的只有只言片语，埃塔纳骑在一只雄鹰的背上，看着下面的地球从视野中渐渐消失，他向天堂存有安努所居的天堂飞去。在天堂，他周游了的各地，四处寻访"生养的星球"，为的是祈求绵延子嗣。

在苏美尔人的净化咒语中，我们发现了内在的七层天的主题，即祈请天堂的力量来治愈我们：

七层天，七层地，七层苍穹……

天驱魔，地除怪。

显然，在 5000 多年前把文字刻写在这些泥板上之时，天堂的概念已经确立了。

天体神学

古代对天堂的理解，尤其是七层天堂，与天文学和占星术有关。神秘主义者将这些科学视为精神奥秘的万能钥匙。太阳、恒星和行星绝非是了无生趣的太空移动物体。它们都是充满活力的临在，是人类与天堂本身之间关系的映照。从形而上学的角度来看，有序和谐的宇宙揭示了人类生活在地球上的根本原因，即向天堂上升。精神实践是精神成长的伟大旅程的一部分。曼利•p•霍尔把古代关于天文学和占星术的观点表述为"天体神学"，这是个很恰当的措词。

在哥白尼时代之前，古人构想了一套宇宙天体系统，（多种版本说法略有不同）但随意性很强。它结合了当时的神学和科学的看法。今天，我们称这个系统为宇宙的"地心说"。当然我们现在知道这个模式并非符合宇宙的真正运作。在当时，这种对有序和谐的宇宙的描述是广为接受的。神秘主义者以此作为象征，表现人类个人从以地球为中心的意识，到上帝的神性意识的上升过程。

神秘主义在对地心模式的解释是，地球处于核心。这代表了人类在得到精神启迪之前的物质意识。环绕地球的是月亮、太阳和肉眼可见的五颗行星。这七个天体代表了七层天堂。它们反映了灵魂上升到精神觉悟的顶峰的精神过程。在七层天堂之上，还有三个领域。首先是"恒星"的领域。在此之上是宗动天，即为所有天体提供能源的原始动力领域。在这上面，最高和最大的是苍天。这里是上帝和天使们所住的地方——创造的起源地。神秘主义认为，这上三个领域代表了人类的上升,最终回到目的地，我们的神圣起源。

古埃及的传统

在埃及的辉煌时期，有一些举世闻名的最伟大的形而上学训练中心。有本出自 1908 年的《秘传哲理》教课书中讲，埃及曾经是赫密斯传统的中心，世界各地的神秘主义者都从埃及神秘学派中汲取精神甘露。

埃及人称天堂为"芦苇之境"。这种信仰将死后的生活呈现为一种理想的尘世生活，在那里没有痛苦，在死亡时丧失的东西都会失而复得。也许我们现存最好的，当时论述灵魂如何在死后到达天堂的来源，是记在古代纸莎草纸卷轴上的《埃及亡灵书》，亦被称为《白昼通行书》。

为了到达芦苇之境，亡灵首先要穿过冥界，埃及人称之为图特。必须通过数次考验和审判，这里面的洞穴和通道都有怪物和黑暗之神来保护。需要持特殊的咒语和施法来成功地克服途中遇到的障碍。如果走过了这些黑暗的区间后，就要面对真理正义女神玛特了。在这里，亡灵要经受"42道无过错告解"的考核，宣称确无罪行，以证明自己曾经的一世生活是纯洁而正直的。

如果亡灵对这些问题的回答能令其满意，亡灵接下来就会去见阿努比斯神，把自己的心搁在正义的天平上用一根羽毛做配重"称量"。如果亡灵的心比羽毛重，就不能进入天堂。如果是一个纯洁的灵魂，那么这颗心就"轻如羽毛"，就可以觐见埃及宗教中最重要的神之一，冥界之神奥西里斯了。他将准予亡灵最后的权利，许可其进入芦苇之境，生活在欢乐之中，见证圣者们的永存。在这个关于死后生活的故事中，我们发现了一个关于埃及神秘学校的入门仪式的含蓄的寓言。"白昼通行"是入门者重生进入精神境界的生活的启示。

古希腊神秘学校的传统

当时起支配作用的是宗教。他们信奉的是宇宙的精神力量，但也想通过理性和智力的力量来理解物理宇宙。这种想法催生了希腊作为西方文明的摇篮的辉煌时期。

希腊文的天堂常被翻译成乌拉诺斯(Ouranos)，是按神话中的天堂存有乌拉诺斯(Uranus)起的名字。乌拉诺斯被认为是"天空之父-天堂的人格化"。然而，人类死后渴望去的天堂在当时则是被称为极乐世界(Elysium)或乐土(Elysian

Field)。这是一片田园诗般的福地。荷马把它描述为一个既不用工作也没有纷争的完美之地。赫西奥德写道，那儿生长的甜美果实滋养着幸福快乐的人们。那儿有音乐，甚至也有体育运动。在这个完美快乐的境界的中央是这片乐土中最神圣的部分：赐福之岛。这幅极乐世界的意象很久以来一直激发着人类的灵感。巴黎著名的大道香榭丽舍大道(Champs-Élysées)就是以乐土的名字发音命名的。德国诗人兼戏剧家赖特·弗里德里希·希勒在他的诗《欢乐颂》中描述了乐土中众生的团结与契合以及生活的欢欣。贝多芬在他的第九交响曲中将其编入音乐，创造了历史上最具标志性和辨识度的旋律之一，使这首诗传之不朽。

乐土是希腊人在更为广泛的概念上的，被称其为哈迪斯（"看不见的"）的死后生活的一部分。在最早的描述中，哈迪斯是一个暂留的、朦胧的、阴郁的地方。离世的灵魂无论其在世时的行为如何，均是自己生前的阴影，一律去到哈迪斯居住。随着时光的流转，哈迪斯的概念也演变成有多个不同的区间了，离世的灵魂是根据他们在世的行为入位的。如果他们做了恶，他们就会进入塔尔塔罗斯暗坑，即希腊版本的地狱。如果他们不是坏人，但过得平平无奇，并未出类拔萃之处，他们可能会去到一个叫做长春花草甸的地方（"不曾遗忘的墓外遥地"）。如果他们在世时过着虔诚的日子，并被生者念念不忘，他们就可以享受极乐世界的果实。

最初，极乐世界专属于半神和英雄。然而，随着死后生活的概念发展起来，任何人他们靠自己的努力奋斗，都可以进入。如果一个人活着时奉行诸善，虔诚地生活，他们在死后便可长生不老，得以生活在永生的极乐世界。这种信念还有另一种稍有变异说法，即如果一个灵魂能够通过反复轮回转世到地球，便可到极乐世界，它可以前往赐福之岛，永久地生活在幸福之中。古希腊神秘学的俄耳甫斯（Orphic）和依洛西斯(Eleusinian)传统非常强调将灵魂从物质生活的限制中解放出来。通过净化和精神化的过程，灵魂可以获得觉悟，靠自己的努力奋斗进入永生之地。

关于天堂的亚伯拉罕诸传统

非同寻常的是，世界上三个伟大的宗教——犹太教、伊斯兰教和基督教——以及与其对应的形而上学，拥有同一个精神之父：亚伯拉罕。我们关于天堂和死后的生活的许多概念都可以追溯到这三种精神传统。

犹太教传统

在犹太教的传统中，死后的世界被称奥兰哈巴（OLamHa-ba）（"此后的世界"）。这也可以被解释为"此后的时代"，意思是跟随弥赛亚而来，世界的复活时间。无论人们如何解读奥兰哈巴，现代犹太教关注的是当下的精神生活，而淡化了天堂和死后生活的作用。因为在犹太传统中关于死后生活没有标准的信仰，所以关于死后会发生什么，被认可的说法不在少数。然而，如果你们看看犹太教 4000 年历史的古老根源，尤其是犹太教的神秘传统，这里就有丰富的天堂和死后生活的遗产。希伯来圣经的开篇首句就是天堂："起初，神创造天地。"这奠定了天堂是犹太信仰的基本信条。

在早期的希伯来宇宙学中，宇宙被分为三个部分：厦马益母 Shamayim（"天堂"）、埃里茨 Eretz（"地球"）和示阿耳 Sheol（"阴间"）。厦马益母 Shamayim 又分为两部分：sham, 意思是"天空"，mayim，意思是"水"。这就反映了一种古老的信念，即天地是依水而分的。因此，圣经中有讲：

上帝说，"诸水之间要有空明，使水分上下。"如此，神就造出了天空，把天空以上的水和天空以下的水分开了[3]。

神和天使住在天堂（Shamayim），活着的人住在地球（Eretz），死人住在阴间（Sheol）。在这个概念中，人类死时并没有上天堂。他们去了阴间。最初，这里被认为是一个静寂的地方。不坏不恶，无是无非。这种对彼岸的理解与祖先对与亲人同在的笃信以及与死去的亲人沟通的能力是相

---

[3] 创世纪 1:6-7

关联的。其观念是，在阴间的人是在等待救世主的时代到来，那时他们就会复活。

随着时间的推移，阴间 Sheol 的概念发生了变化。它也被划分为多个区域。一个是死后的义人居留的住所，另一个是恶人所在的火焰地。在七十士译本（后来被翻译成希腊文的希伯来文圣经），阴间吸纳了希腊阴间 Hades 的显著特征。其它的犹太作品中也都有提及，阴间 Sheol 显然是一个更接近现代的地狱 Hell 的概念的地方。

编织成这幅圣经织毯，暗示着对天堂的理解更为复杂。大洪水前曾有个名为以诺的族长，他"与神同行，神将他取走，他就不在世了"。[4]这被解释为以诺克并没有死，而是被直接带到了天堂。然后是雅各梦到梯子，雅格是个族长，他在那里"梦见一个梯子立在地上，梯子的头顶着天，有神的天使在梯子上向上行。[5]有推论认为，在圣经中有些段落中提及人们在死后的生活中可以选择去哪儿，比如，"我若升到天上，你在那里；我若在阴间下榻，看哪，你也在那里。"[6] 所罗门王甚至还表达了天堂中的天堂的概念："神果真住在地上吗？看哪，天和天上的天尚且不足你居住的，何况我所建的这殿呢？"[7]

---

[4]创世纪 5：24

[5]创世纪 28：10-17

[6]诗篇 139.8

[7]国王 8:28

犹太神秘主义和墨卡巴的传统

今天的我们都知道，犹太神秘主义就是卡巴拉传统 Kabbalah，但卡巴拉传统却是出自一个更为悠久的形而上学传统。这些早期的犹太传统后来被称为《天车之书》（Ma'aseh Merkabah or Works of Chariot）和《创世之书》（Ma'aseh Bereshit or Works of Creation）。这都属于向往天堂上升的天车神秘主义，即墨卡巴 Merkabah 传统。当代对卡巴拉传统的学术研究的复兴，被认为要归功于哥舒姆·舒勒姆 Gershom Scholem。他认为在第二圣殿时期(公元前 516 年至公元 70 年)和进入公元的几个世纪里，这种玄妙的神秘主义的沉思状态，超脱自我的出神入定，催生了犹太教徒和基督教徒的末日著作大量涌现。这些著作探讨了一个关于七层天的，强有力的视觉异象，而且是由被带到这些天堂领域的神秘主义者亲述的。这些描述往往在结束时都谈到即将到来的弥赛亚时代。这种语言通常有强烈的喜悦之情，又具有象征意义。这些作品中有许多都是为那些正在接受神秘训练的人准备的某种教科书。例如，《大宫廷密续》(Hekhalot Rabbati)，其开场白如下：

他常观想卡巴拉，入静后便来去自如，当时他吟诵的是什么（祈祷词，咒语）呢？

古代犹太传说中有摩西穿过七层天的数次上升天堂的经历。它们发生在他生命中的不同时间：在他经历燃烧的荆棘丛期间；在西奈山接受犹太律法时；以及在他过世前不久。
在他经历这些天堂的过程中，他的身体会逐渐变形，以适应
他所到的天堂。他造访了天堂的多个圣殿，被示以异象，并
被授予智慧，同时见证了上帝的荣耀。这些引人注目的故
事，没有一个能直接在圣经中找到，这似乎是墨卡巴神秘升
天体验的原理，在公元后早期传入犹太教堂的一种方式。

卡巴拉传统和生命之树

犹太神秘主义的另一个经久不衰的主题与上升有关，它就是
生命之树的象征——这是在诸多古文化中普遍发现的主题。
然而，在卡巴拉的传统中，对生命之树 the Tree of Life，即
生命之木 the Tree of the Sephiroth 的表达最具说服力。在卡
巴拉宇宙学中，有四个伟大的世界诞生于无或无限 the Ein
Soph——无穷无尽的。这些世界被称为：

1. Atziluth ——原形的世界 (the world of archetypes)
2. Ber'iah ——创造的世界 (the world of creation)
3. Yetzirah ——形成的世界 (the world of formation)
4. Assiah ——物质的世界 (the physical world)

从这些伟大的世界中的每一个都散发出十个自成一体的
辐射光球或创造性的重要原则（10 个圆/原质 Sephirah），
每一个又有自己的生命之树系统。这个由圆/原质构成的生

命之树代表着宇宙是如何构建的，同时，也代表我们每个人
在精神上和肉体上是如何构建的。它代表了圣洁的生活方式
和回到神圣之源的途径，我们想要去到的伊甸园就在那里

基督教传统

我们对天堂的许多概念都受到基督教传统的强烈影响：敬拜
神，好好过日子，帮助他人，你们就会上天堂。此生是为修
来世。基督教对天堂的理解植根于犹太教，也受到古希腊人
的影响，但关于天堂的新启示则是耶稣给人类的。他教导
说，如果过一种.庄敬虔诚的生活，我们便可进入一个荣耀
的精神国度。从他的教导"天国就在不远处"到主祷文
（"我们在天上的父……"）到他自己的升天，他展示了一
个全人类都能进入的更美好的世界。我们同在的物质领域和
精神领域，之间却隔有一层帷幕，是他，将其揭开一道缝隙
来。他以一种在公共生活中从未做过的方式，让天堂变得真
实不虚，成为鲜活的精神体验。这在许多人的生活都极其困
难的时候，是个十分鼓舞人心的信息。

　　关于天堂的教导，使徒们和圣保罗做了进一步的阐述，
圣保罗在这段著名的段落中说：

　　我认识一个信基督的人，十四年前他被带到第三层天上去…被带到乐园里,所闻之事妙不可言，但不可说。[8]

　　许多学者认为保罗所谈论是他在天堂的亲历。天堂的概念和及其对天堂诸领域的非常有说服力、引人共鸣的并激动人心的陈词，被收入了真经篇目，在《启示录》中得到了确立：

　　我立刻被圣灵感动，见有一个宝座安置在天上，又有一位坐在宝座上。那坐着的，好像碧玉和红宝石。又有虹围着宝座，好像绿宝石。宝座的周围，又有二十四个座位，其上坐着二十四位长老，身穿白衣，头上戴着金冠冕……又有七盏火灯在宝座前点着，这七盏灯就是神的七灵。[9]

　　基督教运动历经 400 多年的发展，才成为公认的宗教。天堂的概念亦是如此。早期的教会神父在努力回答基本的问题：天堂是什么样子？我们在天堂里有一个身体吗？我们会见到亲人了吗？我们会见到上帝吗？希腊主教爱任纽 Irenaeus 将天堂视为一种荣耀的尘世——一种对尘世间生活中经历的困难和迫害的补偿。圣奥古斯丁 Augustine 最初将天堂解释为一种苦行生活，但后来开始融入如与所爱的人团聚等观念。

---

[8] 哥林多后书 12:1-4

[9] 启示录 4:5

在接下来的几个世纪里，基督徒对天堂的定义的变化往往与社会的变化不谋而合。在中世纪的欧洲，艺术赋予了天堂和精神生活其意象和视觉异象。随着中世纪的进步，城市和城市生活得到了发展。这催生的不仅一个天堂的乐园形象，而且是一个以上帝为中心的天界城市，它充满了从神圣的源头散发出来的圣光。这成为了天堂生活的一个中心特征。圣托马斯·阿奎那进一步继承了圣保罗关于"精神体"的教导，补充提到它是一个有光体，他说："这神圣的天体将比太阳亮七倍。"中世纪对天堂宇宙学的表达在但丁的杰作神曲中可谓登峰造极。它以优美的叙事诗带来对天堂的理解。

瑞典神学家伊曼纽尔·斯威登堡在他的著作中有一个论述，对天堂的理解产生了重大的影响。在他关于死后生活的开创性著作《天堂与地狱》中，基于他亲眼看到的景象和亲身的经历，斯威登堡详细描绘了天堂生活的画面。其丰富而生动的意象吸引了读者，并影响到许多人。他说，天堂的灵魂是充满活力的，有各种追求。他们相互关爱，并继续他们的精神发展。他教导我们，当我们过世后，我们的品性不会产生突然的改变；我们的人格与在世时差别不大。灵魂的内在本性不再藏匿，所以品性上的缺陷和长处更容易被认清。他强调，天堂里有不同的社群，人们都生活在各个社区里。

他指出，在精神世界里，一个人不会立即得到赐福或诅咒。相反，其灵魂接受教育，学习遵循天堂原则行事的节奏很缓慢。他们在不断完善自己的过程中，逐步提升到更高的精神存有状态。天堂与尘世间是有相关性的。他是这样写的，"虽然在天堂没有看到世间的太阳，但那里仍然有个太阳，有光有热，世上所有的东西在那儿都有。"这是对彼岸的一个惊人的形而上学的解释。斯威登堡的视觉看到的景象帮助建立了现代基督教的天堂概念，并一直延续到今天。

伊斯兰传统

在伊斯兰教中，天堂的这个词是 Jannah (中文译注：坚奈)，翻译过来就是"乐园"。它也被称为正义的花园，生前行善一世者死后得以在此享受喜悦和快乐。伊斯兰天堂的主题与犹太教和基督教的传统有相似之处，但也有自己独有的特点。

　　伊斯兰信仰的核心是真主，即穆斯林对上帝的称呼。天堂的终极目标是站在真主的面前。伊斯兰教的信仰并非认为贫穷是神圣的，或者财富是对精神抱负的诅咒。因此，伊斯兰教对天堂体验描述的是天堂的丰厚和奢华。那是一个所有愿望都得以实现的地方。有许多快乐，为人熟知的有，思春的美貌处女和动情的青春少年。人们无忧无虑，远离伤害或侮辱。大家都拥有青春，同享恩泽。那里有用金砖、银砖砌成的宫殿，和镶满珍珠的宝座。人们身着长袍、佩戴镯饰，遍体洒满香水，出席各种豪华的盛宴，他们侧卧在由黄金和宝石制作的软床上，享用着用昂贵的器皿送来的珍肴伺服。正如《古兰经》所述：

敬畏的人们所蒙应许的乐园，其情状是这样的：其中有水河，水质不腐；有乳河，乳香味鲜；有酒河，饮者称快；有蜜河，蜜甜纯美；他们在乐园中，有各种水果，可以享受；还有从他们的主发出的恩赦.[10]

七层天的主题在伊斯兰教的传统中得到延续。在对七层天的描述中，每一层都由不同的材料组成，并有伊斯兰先知居住。好人做的善事越多，他在天堂 Jannah 的层次就越高。第七层也是最高的天堂被描绘成是由一种难以理解的圣光组成的。生命之树就居住在那里，是人类所能达到的最高精神状态。

也许最著名的关于在尘世间去到天堂的记叙就是穆罕默德的夜行。虽然它在《古兰经》中只是被隐晦地提到，但在后来的圣训文学中有所阐述。在故事中，大天使哲布勒伊来（加百利）拜访了穆罕默德，并带其先前往耶路撒冷。他做了祷告，通过了考验。然后他就被接登霄，遍游七层天，在那里他遇见了众先知，其中有亚伯拉罕，摩西，施洗者约翰和耶稣。他到达了最高的天堂，游历了许多奇观。最终，他来到了真主的宝座处。就在此地，真主告诉穆罕默德，穆斯

---

[10] 古兰经 47:15

林应该如何祈祷（译注：礼拜）。最初的命令是一日礼五十次拜，但最终被协商为一日五次礼拜。从此以后这就成为穆斯林的祈祷实践。

穆罕默德的夜游之旅的叙述与犹太的神秘文学和升天故事有相似之处，并与耶稣升天的记载相呼应。无论是照字面上还是从诠释上看，它都暗示了神秘主义者与天堂诸世界的深刻联系。旅行发生在夜晚的想法反映了另一个精神上的奥秘，即所有人类在睡眠中都与精神世界有联系。

关于天堂的东方精神学的诸传统

虽然在东方的精神实践中有很强的天堂概念，但对其解释的方式与西方的有明显区别。有一个清晰的理解是，天堂并非最终的目标。天堂，正如地球一样，虽然美好，但也被视之为一种暂时的状态。这是因为在东方的神秘传统中，所强调的是返回造化背后的终极实相。它被描述为一种不存在的状态——意识的终极状态，最终的极乐。在这些哲学中观点中，我们多次以不同的肉体形式转世，最终摆脱生死轮回的循环，返璞归真。

在印度教的信仰中，这种最终的存在被称为梵(Brahman)。梵是生命的海洋，而我们则是大洋中的水滴。通过获得觉悟即解脱 moksha 的过程，我们可以摆脱生死轮回的循环，回归最终的极乐状态。在佛教中，这种终极的实相被叫作涅槃。在中国的精神哲学中伟大的目标是回归道，也就是生命的自然秩序。

印度教的精神传统

在印度教信仰中同时存在多种精神流派，从他们对天国的不同解释中便得以一窥。印度教徒相信轮回转世，灵魂在世时完成了他们一生的行为善恶的业力造作，死后过渡到精神领域，接下来再转世，直到全部完成他们的轮回转世过程。

在吠陀信仰的早期表达中，天堂存有之王是因陀罗，也就是手持金刚杵者 the god of thunder and lightning。在印度史诗《摩诃婆罗多》中，英雄阿朱纳请求因陀罗赐给自己兵器法宝以在战斗中保护阿朱纳自身和他的兄弟们。他行走到喜马拉雅山，修炼苦行，上天被感动，派遣一个御者，驾驭飞车把阿朱纳接上天堂。一路上，他们看到了苦行僧、在战斗中牺牲的英雄，以及其他善良的人。经过天堂的各个境地后，阿朱纳到达了因陀罗的宫殿，因陀罗拥抱并祝福了他。因陀罗赠与阿朱纳一个金刚杵 thunderbolt（译注：此法宝可以投掷,是雷电的具象化），用以在战斗中打败邪恶的敌人。

在梵文中，路迦的意思是"存在的位面"，既指意识亦指实际的位置。圣典《往世书》中提到了十四个路迦，就是有七个较高的天堂世界，和七个较低的世界。最高的天堂是梵天-路迦即真谛界。这是主梵天的住地。他在印度教三相神梵天-毗湿奴-湿婆中是造物主（梵天 Brahma 不要与终极实相梵 Brahman 混淆）。梵天-路迦住的真谛界是一个美丽的境地，有充满异国情调的花园和不断散发出精神力量的莲花。正如《往世书》所说：

在真谛界的行星上，既没有丧亲，也没有老死。没有任何形式的痛苦，因此也没有忧虑，但对那些在物质世界中遭受着无法逾越的痛苦，但不知布施修行的人们提起善念，发慈悲心的情况是常有发生的[11]

在印度教崇拜主毗瑟奴的传统中，至高的天堂被称为无忧界，一个没有烦恼或忧愁的地方。据说其遥超乎天上和尘世，相传其位置在："真谛界之上 2.62 亿由旬（2.096 亿英里）[12]一些最美丽的印度教天堂的插图是基于无忧界描绘的。"《薄伽梵往世书》对这个辉煌的国度充满了崇敬，其描述甚是丰富多彩：

在精神世界的天空中，有些精神世界的行星被称为无忧界，那里是至尊无上的主和祂的圣洁的供奉者们的居所……所有的居民在形态上都效仿至尊无上的主。他们对主献身服侍，無有感官满足的欲望……至尊无上的主……一尘不染的善良举止，热情止息或无明不在……有许多繁茂的森林……

---

[11] 《薄伽梵往世书》，第 2 章：宇宙的表现

[12] 《薄伽梵往世书》，第 5 章

到处是鲜花和水果，因为一切都是精神世界的，供个人享用的…居民们乘坐他们的飞行器飞行…永远称颂主的功德。[13]

佛教的精神传统

悉达多王子成为佛陀的故事是世界上最伟大的觉悟教说之一。故事里讲，悉达多舍弃了他的宫殿的世俗乐趣，寻找真理和痛苦的根源。他历经了严酷的苦行，但仍未找到解脱之道。而后，他提出了以"中道"精进，获得觉悟的思想。有一天，他在菩提树下闭目冥思，廓然大悟他苦苦求索而不得的真谛，往后余生，他致力为众生说法，开示解脱之道佛教与印度教的传统一样，其精神体系教说，人类正处于生死轮回之中。众生到彼岸所致的善恶境界是依其在世时的业力而定的。佛教的目标是要打破生死轮回，只有断离痛苦，了脱生死，最终才能达到涅槃的终极境界。

在佛教的宇宙学中，精神领域并非是永远不变的。它们是在通往最终目标，涅槃的途中修行的阶段。和印度教徒一样，佛教徒的宇宙学十分复杂，其生命领域除了地球的尘世之外，还有其它的世间。在其一界三十世间中，有二十六个相当于天的不同阶段（如同时间极为久远的传奇篇章）。这些精神诸世界既是意识的精神状态，也是居住的领域。灵魂根据它所造作的业力，死后"重生"进入其中的一个天。一旦它在世间的寿命定数到了，它就会回去，等待另一个机会

---

[13] 《薄伽梵往世书》，第 15 章 13—17

投胎以期做得更好。打破这个生死轮回的方法是解脱前尘往
事的痛苦束缚，静坐持咒，身体力行的佛修来实现。

　　各层天有不同程度的殊胜妙乐，它们归为三个大的界
域，每个界域内部都有许多细分。这些多层的存在反映了意
识的多层次本质和我们自己的精神构成。从低级的到终极，
它们都是：

　　欲界 KAMA-LOKA, 是欲望和感觉的世界。在这里，对感
官的依赖常常将我们与依恋和痛苦束缚在一起。欲界分多个
道。它们包括堕落、痛苦、愚痴和是非的四个最低层面（译
注：即地狱道、恶鬼道、畜生道、阿修罗道）。在此上方就
是人道了，这里苦与乐相生相伴。这使得尘世生活成为一个
学习如何打破生死流转，循环不已的好地方。欲界天道有六
层天，其意识虽然高一些，但天的层次较低，所以仍然受到
感官和感觉的束缚。行善的众生，常住天道诸天。耐人寻味
是，欲界的所有道，即使是天道，虽其层次比较低，仍受作
为天魔的魔王波旬 god Mara 所束缚。

　　色界 RUPA-LOKA，是具有形体的世界或禅定的世界。那
些已经到达这些领域的众生已经了无感官欲望，并进入四禅
天 Brahma-Lokas 的思维修境界。这些天界虽无欲望，但仍
然受到形体和感知的牵累。众生无有饮食的需要，而生出喜
乐的心。但并非完善，仍有慢疑之恶见。这些天界是通过实
现佛陀所教导的四圣谛而获得的。这些领域是四禅定 jhanas
或心智的吸收的安止状态。通过专注来修，觉知平等安详，

宁定睛明，是为初禅到四禅。每一个上升的领域比另一个更殊胜。

无色界 ARUPA-LODA 是无形体的世界。这是众生居住的三有生死中境界最高的层次。正如所预料的那样，这些领域难以言表，须得证悟。在这里，你们会发现生命具有无边无垠的本性。在无色界中，有四个定境与所谓的"空定"——冥想状态有关，即你们不再与形式联系在一起。这个领域里的四禅定与空间的无限性；意识的无限性；对虚无的意识；以及对知觉/非知觉的意识有关。（译注：无色界是通过修四种空定所获得的果报，即空无边处定、识无边处定、无所有处定、非想非非想处定。）有教说，这是悉达多在开悟之前已经达到了的最后状态。

要修到如此之高界是很难的，但通过勇猛精进可以实现。正如佛陀所教导的：

这世界是黑暗的，在此中能（以观智）洞察之人很少。就像只有少数的鸟能逃脱罗网，只有少数几人能去到天界（与涅槃）。[14]（译注：依照敬法比丘所译《法句经》版本）

---

[14] 《法句经》(13:174)

第二部分

通过精神诸世界而成长

第五章　　开始你们的精神上升　　——

旅行已在途中

在我父的家里, 有许多住处.

—— 耶稣基督

在这部分，我们将探讨精神领域，包括概述以及进化与人生际遇的关联。我们希望能使你们领略到精神道路之美，以及如何更好地与内在世界联系，以使你们的生命充满活力。意识有许多需要体验的层面。生活很丰富，有大量的东西要学习。每一精神领域的历险记都是神圣的，但各有不同。

我们的精神朝圣从何时何地开始？它始于数十亿年之前，当时的意识正处于一种原始且愉悦的状态。我们大家都有着丰富的进化历史，是它把我们带到了现处之境。打从我们迈出升程的第一步，我们经历的诸多精神领域都各有其美。在这些领域里，人类的灵魂处于一种被上帝亲切地称之为"小精灵"的意识状态。小仙子、地精、精灵和其它民间传说中的形象通常都是对这些生物的虚构描述，但它们都不是虚无的！它们和你们和我一样都是真的。它们就是处在不发达阶段的你我状态，一样也是进化过程的重要组成部分。

这些小精灵经历生活，增智进化。当我们还曾是小精灵的时候，我们的形态是以太的，有可供使用的精神力量，我们很喜欢学习并掌握它的技巧。那时我们经历的生活是梦幻似的，接近的是生命的元素——水、空气、土、火。我们具有这些元素的特征，通过体现这些，我们为高度进化就是此后的高度进化打下了基础。有时候，小精灵也误入歧途。他们会招惹是非，受到邪恶的影响，并挑动不健康的行为。好在，当这种情况发生时，圣者们就帮助唤醒这些小精灵，把他们引回到圣光里。

地球各处都有小精灵居住。它们生活在自然环境中，以及在城市环境中隐藏的角落。它们甚至可以生活在地球内部。它们群居，好扎堆。通常都很爱嬉戏，也很喜欢探究。它们很信赖精神管理层，也懂得神给它们的帮助。它们通常很谨慎，不与我们直接接触，但如果它们感觉到一个慈悲的灵魂，它们就可以让人看到自己。此时，它们通常会来到人的近处，带来很多的爱、快乐和欢笑。

就在写这本书的时候，我们迎来了五个惹人喜爱的造访者。它们出现在我和迪米特里的客厅里，当时我们正在工作。它们本身是很发达的，令人印象深刻。身高大约有三英尺，面庞是蓝色的，还有明亮的辉光！有简单的心智交流，但没有说任何语言。它们看起来很开心，想让我们知道它们就住在我们附近的地方。

星光诸世界

当我们完成了我们作为小精灵阶段的进化后，我们开始了我们穿越我们的精神发展中最重要的领域之一—星光世界的旅程。星光的 astral 这个词来自拉丁语 starry，意思是"被星星覆盖或被星星照亮的"。星光诸世界，或称星光诸层面，至关重要。我们有肉体轮回的尘世生活就是从这里开始的，我们在此建立我们的智力，学习更充分地表达我们的自由意志。在星光层面上，我们选择有意识地走上光的道路。在这里要做的事情很多，我们在星光诸世界要花的时间很长。

星光世界与我们的尘世生活紧密地交织在一起。它们和物理领域一样真实不虚，是"实质性的"。大家感知不到星光诸层面的原因是它们在肉体感官的操作范围之外。星光世界是由星光原子组成的。星光原子振动的频率比物理原子更快，这就是为什么我们不能用肉眼看到或用手触摸到星光领域。

我们在这里拥有的一切在星光世界里都有，而且更多。它们比地球的地域更为辽阔，人口也更密集。时而有人会说，星光世界是梦境。但并非如此。它们是确有的实地，其性质特点当然不像地球。那里也有景致、森林、湖泊、海洋、奇花异草和花园，但自然风光在星光世界所呈现的美却是到了极致。其文明的范围比地球上发现的更宽泛，有更落后的和更发达的地区。星光世界非常活跃，实践范围涵盖广泛，从原始到高度先进，以及介乎于两者之间的一切。就像在地球上一样，也有人类的激荡和斗争。然而，这里也有一些高度合作和生产力非凡的领域。星体世界里的生活管理是井然有序的。

科学、技术、艺术、哲学、宗教和精神研究在星光世界里都是蓬勃发展。那里有很好的音乐厅、剧院和博物馆。就我们考察到的，如果你们有天赋或才能，到了星光界可继续发展它们。与在所有的精神领域一样，圣者们在各个不同的星光领域指导进化过程，其成就蔚为壮观。星光领域中无论是落后还是发达的地区，都在上帝的眷顾之下。身处星光世界中最大的特权之一是，我们可以有意识地与这些伟大的精神存有互动。

星光世界是有程度或分层次的。星光的层面共有七个，其中每一个都各有七个子层面，组成 49 个星光物质的层次，这是我们的进化在通过的层次。除了美丽之外，这些星光层面还有很棒的学习和训练中心。这里有圣殿、小教堂、大学堂、避难所、大教堂和其它创意活动中心。每个精神中心都致力于精神生活的某些方面。由于在星光诸世界中可获的知识量很大，它们通常被称为吸收层面。当我们在地球上的时候，我们采集经验、知识和智慧。当我们回到星光世界时，我们的灵魂就会反思并吸收了这些经历。而后到了指定的时间，灵魂再转世到地球，以获取更多的经验。

有一些形而上学的学派称星光诸世界为欲望诸世界。欲望是星光经历的一个定义特征。在星光诸世界的进化中，你们在学习许多东西，其中包括你们的欲望本质的成熟。欲望是驱使生命表达出来的原动力。当你们穿越星光世界上升时，有一部分你们要做的工作就是，把你们对贪图眼前的自我满足，转化为对神圣生命的强烈欲望。

通过星光层面的进化需要时间。进化的过程并非一蹴而就。有意识地行进在精神道路上的美妙之处就在这里：它使你们穿越星光诸层次上升的速度加快。无论采取何种形式，把时间用在有意识地发展你们的精神本质上，就很不错。

环境适应——星光第一层

当灵魂作为一个小精灵完成了它的进化时就毕业了。然后进入到七层星光的第一层。这首个星光领域就像一个孵化期，人类灵魂在此适应星光生活。在这个节点上，它还不具备肉体，到地球的时间还没开始。它甚至没有裹上星光体。它此刻的工作是熟悉星光环境。

这个领域就像一个贫瘠的星球，但它并没有荒凉感，风景中充满了彩色的光线和不同的光声。灵魂被裹在一个类似星光球的形式里，但不是我们所认为的身体。在开始通过第一星光层的旅程时，人类的灵魂在本质上是被"播（种）"到星光土地里的。当灵魂适应了这些振荡，被其同化之时，就进化了，它从星光土地中冒出，在星光空气中漂浮。它与通过气氛层辐射的光线混合。在这里，灵魂们有了互动，得以学习在这个新世界中相处。它们发声，听起来像牛的"哞哞"叫。虽然并不悦耳，但这是交流的开始。这些年轻的灵魂通过精神的光流，适应星光世界，并建立了他们的精神力量。

睡梦状态——星光第二层面

　　当灵魂通过适应和同化的过程聚集到足够的精神力量时，它就会移动到第二个星体层。在这里，我们的灵魂被赋予其星光体，一个神奇的新生活从此打开。我们在星光世界便有了一种表达的载体。我们可以感知我们周围的环境，并且可以自由地移动和互动。在第二星光层上的生活是原始的、但是快乐的、天真的、田园诗般的。

　　星光体最初是椭圆形的，然后逐渐获得人类的形态和特征。这揭示了星光体的一个定义性的品质——它具有改变外观的能力。通过我们将经历的无数次轮回转世，我们拥有的星光体是同一个，但它的外观将多次改变。

　　星光体有一个心智，但在星光第二层面，我们应该说这是处在睡梦状态的精神表达。这种睡梦状态允许精神意识自由地探索和无约束地表达自己。随着我们的星光体的发展，我们驾驭心智的能力也在深化。最初，睡梦心智表达其自由的方式是幻想。它需要感知和经验，于是基于自己的希望和爱好去创造心智的场景。这便给了他们这样去做的机会，而不致造成严重的后果。我们做梦的能力可以追溯到我们进化过程中的这个神奇的时期。

　　我们与星光世界互动的过程中，在磨难和错误中学习驾驭睡梦心智。幻想开始随之而转变为创造性的表达。我们的这个心智部分也就强健起来。不仅如此，这一层的众灵魂可以通过恍惚状态中的心灵感应，把一种集体意识用心智连接

起来。这是处在这一层的一种自然经历，它还会产生出一种
活泼和令人兴奋的能量。起初，集体的经历呈放任自流态。
随着灵魂的进化，集体意识变得比较有创意和建设性了。如
何为了集体利益而共同工作就是我们所学的重要课程。

　　灵魂有了一个星光体后，就可以与星光世界互动去体验
星光世界了，这使它很快乐。第二星光层在各个方面都像是
游乐场，一个星光托儿所。这里并没有真正意义上的危险。
不仅我们之间有互动，互动还发生在我们和精神管理层的成
员之间，是很简单的方式，我们对他们的影响都有反应。虽
然我们不太清楚这些存有的来历，但我们知道他们很重要，
我们也能感受到它们的力量。通过天使，我们感觉到生活中
有更伟大的存在督导勉励我们向上。

　　星光体是需要营养的，所以我们要摄入食物，但不吃动
物类的肉。这里有种类繁多的植被，我们通过食用美味的果
蔬来获取营养。星光体不像肉体那样会死亡。它却会不适，
假若它受伤，患病，或者营养摄入不足，它就会像汽车耗尽
汽油一样减速，变得萎靡不振，如果任其下去，就会休眠。
在这种情况下，天使需要将其唤醒。

　　这里的气候因湿度和温度不同而多样化。甚至有类别各
异的季节。有雨天，在一些地区，还会下雪。有了伙伴关系
和社会群体，但没有出现文明。爱是大家的体验，能感受到
幸福和悲伤。人们之间有了爱慕之情和一种原始类型的性吸
引，但此时的目的并非是生育；而是对亲密关系的体验。除

了集体的心智体验，还有一种原始的交流，但这还不是语言。星光第二层面的灵魂能发声并学习发出音调——一种带出感情的哼唱。他们通过这些音调的变化来进行交流。

当灵魂在这个层面上进化时，星光形式变得更加轮廓分明。心智仍然处于梦状，但它已经成熟些了，具备了有创意和成效的心智活动。群体意识从简单的合作经历步入更为直接的经历。到了第三个次层面（记住，每个星光层面内含七个次层面），星光体的人形塑造业已完成。我们也学习些技能，比如怎样游泳，并开始发明一些简单的建筑技能。当我们在星光第二层面的次层面上接续成长时，我们经历星光体的蜕变过程。我们的星光体发生了极性的改变，从男性到女性，反之亦然，所以我们获得了两性的经验。

我被带到星光第二层的一个较为发达的次层面，这是对我的精神教育的一部分。那些无法预料的经历，多得看不完。到处都是游荡的动物。我看到了一个简陋的像是茅草搭建的小屋。我遇到一个女人，她用心智和我交流，其运用能力娴熟到令我惊讶。她看起来有十几岁，简单的衣着，棕色的头发。有着美丽的外貌。我向她打招呼，她也回应我。我不知道她是否了解我的来历，但她很热切，想更多地了解我。

意识的觉知——星光第三层面

当灵魂进化到星光第三层面时，戏剧性的变化开始发生。我们的星光体更加强壮、更加柔韧——这是我们灵魂的更好的表现工具。最为重要的是，正是在星光第三层面上，心智出现了一种崭新的表达——这就是意识的觉知 conscious awareness。在星光第二层面上我们就有了觉知，但它是通过睡梦心智的意识 dream mind consciousness 所获。（译注：睡梦心智即心智的第三层面，该层面含有我们无意识的秘密。）现在有了意识的觉知，我们对周围和彼此有了更多的认知。我们更加清楚我们正在做什么，显示出的智力流量更大。从睡梦中醒来的经历是很清醒。

在属性上，意识的觉知 conscious awareness 不同于自我-意识的觉知 self—conscious awareness。自我-意识是智力的心智 the intellectual mind。它是一种在心智上走出自我，"回头看自己"的能力。自我意识使我们得以拥有抽象分析的思维属性。就在阅读这些文字时，你们就展示了自我-意识的觉知。这一特征使我们的意识有别于动物的意识。动物有很好的觉知以及智力，它们还没有自我意识的觉知，尚有的某种形式十分原始。它们的行为是出于本能。人类也形成了的某种本能特质 instinctual nature，成其为在星光第三层面上的定义性特征。这与动物的本能相似，但并不一样。科学将本能定义为"与生俱来的，通常固定的对特定刺激做出反应的行为模式。"我们倾向于认为本能是"不经过心智" without mind 的操作，更像是一种脉冲 impulse——一种预设的 programmed 行为。我们需要这些与生俱来的工具来有效地应对和处理我们周围的环境。如果没有本能特质，我们就无法在某一特定的环境中生存。

有了意识和本能的日臻成熟，我们的欲望特质有了更强烈的表达。这迫使我们对想要东西有更强烈的愿望。我们以更大的激情和决心来追求我们的欲望。在星光第二层面，爱慕之情和纯真的性活动产生了，在星光第三层面，性驱力出现了。随着我们本能特质的觉醒，便有了竞争的要素。我们之间的互动更为显著。我们体验到更伟大的生命动力：勇气、敌意、恐惧、胜利、不幸、痛苦和快乐。我们对事物很好奇；我们勤于探索，也善于发明创造。结合意识觉知，我们发展基本技能，如解决问题、社会发展、领导技能和原始艺术和科学。还有更多的挑战，但通过这些挑战，我们学习到了更大的柔韧性。

在星光第三层面上，我们有了很逼真的梦境。当我们在星光第二层面时，我们处于睡梦的状态，但入眠后并没有梦。现在我们的意识有了觉知，我们在睡眠时会深入梦中。在我们的睡梦心智层，我们会把现实生活中的情景搬进来当戏演。我们得知，心智不止一个维度，意识可以在心智活动的层次之间转换。我们学习到，幻象和现实之间有着根本的区别。天使们除了在清醒的生活中帮助第三层面的灵魂，通常还会在睡眠中接触他们。天使们帮助我们理解，值得我们向往的还有更高尚的生活和更伟大的事物。

植被和动物野生动物的种类比在星光第二个层面上的要多。肉眼可见的太古的地形，一望过去尽是原始的蛮荒。这里有各种各样的动植物的生活环境，包括山谷、山脉、沙漠、森林、河流、湖泊和海洋。在星光第三层面上有了某种有声语言，但还没有书面语言出现。

尽管尚未达到我们所认为的文明生活水平，但人们在较大的、有组织的群体中生活，具有共同的群体特征和品性。有了一些群集或部落。文化和习俗也进入了星光第三个层的画面中。种族类型在星光体上有所反应了。从形而上学的角度来看，种族是精神经历的一部分。我们当今在尘世生活中，所看到的种族类型反映的是精神诸世界中的种族原型。星光第三层面灵魂的居所相比于星光第二层面灵魂居住的简单小屋，更具创意和工艺。

在星光第三个层面上也可以找到天使造的建筑物。虽然还不及更高层次的星光世界里的那么精美，但也很漂亮了。它们通常以木料或石头构筑，大小适度，隐现于周围的自然之中，充满了圣光。那儿有做疗愈的圣所、小教堂和教育场所。人们被天使和人类灵魂的觉者带到这些地方，在各种领域里接受训练，包括疗愈，创意功课，以及学习如何祈祷。

发生在星光第三层面上的最为显著的事件之一就是，由那儿开始的尘世经历。但这还并非始于星光第四层面的，肉身的轮回转世。更确切地说，是星光体的涉足范围被扩展到了地球，使其适应尘世生活的新环境。它被赋予了一种形体，但还不是肉身。这些星光第三层面的灵魂将在世界上的各种地方体验不同的性别和不同的种族。待时间合适的时候，灵魂就会回到星光世界，进行某种回顾和消化过程。然后，他们将再次"进入形体"回到星光地球，继续学习体验。这个过程有助于他们在肉身中轮回转世做好准备。

形而上学认为，在适应了尘世生活的过程之后，接下来情况并非一成不变。很久以前，第三层面的灵魂就开始了他们在地球上的肉身轮回。这就是"穴居人"的时期。在星光第三层面上有了肉体形式的人类居住，诸如尼安德特人之类。当人类通过了这个进化阶段后，在第三层的肉身轮回就结束了。现今的年轻灵魂，则是在星光第四层面上开始他们的肉身轮回的。

当我们通过了星光第三层面的进化时，我们的本能特质在学习中成熟了，我们可以熟练地应对我们的环境了。在星光第三层面的鼎盛时期，我们的进化有了一个重大的飞跃。我们获得了赋予我们的珍贵礼物——自我意识。这使我们与更高的、灵感心智和我们的神圣精神的品性相一致。现在我们将展现自由意志，因为我们有了自我意识，得以在对与错之间做出选择。这将开启我们精神旅程的一个新阶段——发展智力。然而，这份新的天赋是有代价的。我们对自己的行为要负责了。我们会从我们的正确行为中获益，也会为我们的错误行为付出代价。因此，业力——因果法则将发挥其强

大的作用。生活的表现形式也随着我们的认识进步而逐渐开
化。

第六章　精神生活的觉醒——星光第四层面

我们不是有精神体验的人类。

我们是拥有人类体验的精神存有。

——皮埃尔·泰亚尔·德·夏尔丹

随着灵魂进化到星光第四层面，生活开始呈现出非常熟悉的品性。这个领域是我们星光之旅的一个枢轴点。在星光的所有层面上，我们在星光第四层面上花的时间最多。它是最接近物理地球振动的领域。地球上的灵魂所具有的振动水平，大多数都在星光第四层面上，而非在其它的精神领域。这个层面上的方方面面实际上像极了地球的情况。一些过世者跨入星光第四层会发现环境竟然如此熟悉，以至于并不认为自己已经死亡。

有几个关键的事情发生在星光第四层面上。在这里，我们培养我们的智力，创立社会，并学习建设文明。随着每一个子层面的出现，文明都变得更加发达。星光第四层面有些比较重要的现象，就是出现了建筑和城市，但它们的范围有限，还不是繁华的大都市。如我们所见，尘世生活中的一切都是先产生于精神领域，因此地球上的文明也吸收了不少来自星光第四层面的灵感。

也许在这个层面上的星光世界的社会和尘世社会之间最大的区别是，星光第四层面是在精神的节奏上运行。在这个阶段的居民远非完美，但星光世界的灵魂学习怎样与上帝合作，受到的教育更为直接。地球上的文明也在进行这个教育，但仅到一定程度；问题是，人类在回应和反映神圣计划上做得有多好，或者是做得还不够好。星光第四层面更为清洁；没那么拥挤，也没有在地球上所经历的剧烈纷争。没有贫穷或饥荒。

　　大自然的风光十分旖旎。在星光世界里，人类如同在地球上一样，对大自然也有很大的影响。但居住在星光世界的人们更敬重大自然。在星光世界里，农场和花园都是精心打理的，景色优美宜人。这里有种类相当丰富的植被，提供星光体所需的营养。在星光第四层面上，星光体的动物遍地皆是。由于星光世界的人们是非食肉的，野生的动物也没那么害怕。人与动物之间的关系更融洽些。人们把其中一些动物作为宠物饲养。

　　在星光第四层面，灵魂的行为犹如你我。他们有相同的优点和弱点。他们有爱心、善良，但也会生气、怀恨和畏惧。他们也有过度行为，但好在其程度与在地球上所经历的不同。有时，在尘世间中有不良习气的人，也会把它们带到星光世界来。譬如，嗜酒成瘾的人可能会把这种欲望带到彼岸，要戒掉也是需要化时间的。那里没有战争，但是存在暴力行为。有一些疗愈中心，破坏性的行为可以有效地在那儿得到纠正。还有星光医院，医生们为星光体不适或生病的人查找病因和进行治疗。

　　有火车，有些汽车，甚至还有些飞机，用的都是一种普及的电力。星光诸世界都没有地球那样的公共交通运输，因为人们通常都在当地做事。虽然文明是出自人类之手，但其它的建筑和结构显然都是天使所造。在星光第三层面上，这些建筑包括祭拜、祈祷和教育的神圣建筑。在星光第四个层面上文化进入大繁荣——地球上的多种文化反映的是精神诸世界的多种文化。种族的不同品性在星光诸世界中都有表现，因为种族不仅仅是肉体的外观样子；它还涉及到能量模式和灵魂体验。

有些人认为彼岸是安息地，没有工作和辛劳。虽然，这儿有安息的时候，并且还有再生的时候，然而，通常人们都是在辛勤劳作，积极地追求自己的兴趣爱好。他们的家园都是随心所愿建造的。星光体的灵魂倾向于和他人生活在一起，但也并不是绝对的。偶尔，曾经相知在地球的人们到了星光世界，也会因爱相聚，共度时光。正如我们所见，谈情说爱和性都存在，但其目的并不在于生育。性行为也是分享亲密，通常，所耗费的经历不如在地球上的那么多，也不那么令人痴迷。

没有我们所认为的家庭，但是在地球上夭折的婴儿和儿童到了星光世界会继续他们的童年。这些孩子由有爱心的养父母来帮助抚养。这些星光体的父母所做的服务要有上帝的加持，这个经历会相当美妙。他们中有的人在世时没能生孩子，现在就获得了这样的照顾孩子的机会。

在星光第四层面上有多个管理系统，其生活的每个领域都有人类担任领导。每个子层面都有自己的领导机构。这些领导者与天使和其他高层次的灵魂携手合作，指导人类处理星光世界的事务，以及接受特殊的训练。

星光第四层面的一个最美妙的品质就是精神生活的兴旺，一种通过宗教精神首次被唤醒的经历。多种宗教在星光世界中均得到认真的表达，自然而然地是那儿生活中的一部分了。当灵魂开始表达其智力时，需要与上帝保持一致，才能掌握这些能力。灵魂凭借宗教精神，学习道德自律和合乎伦理规范的生活。也通过理解上帝的律法是如何运作的来学习明辨是非。如果没有真确实在的宗教基础，社会就无法繁荣发展。灵魂一直都是精神的，但他们学习通过精神生活，来陶冶智力，则是在星光第四层面。有些灵魂一度抵制这种脉冲，但最终都会学到接受宗教精神和由此带来的许多生活经验教训。

在星光世界，宗教实践采取的是原始的启发灵感的形式。由于世界上所有伟大的宗教都受到神的启发，你们可以按照它们的本意来修习，而无需通过地球上设立的规范性阻碍。在星光世界有教堂、寺庙、清真寺和犹太教堂，反映着各种各样的文化影响。如果你们热爱你们在地球上信仰的宗教，你们可以在星光世界继续这种形式的敬拜。系统的祷告和冥想练习就是从这个层面开始的。这儿有一些启迪人心，与宗教宗派无关的训练中心，被称为学习大厅，在那里人们可以学习精神生活的法则。

与星光世界的所有方面一样，也有一些独特之处在星光第四层面上发挥作用。首先，你们可以拾取到其他人们的想法。这是一种在较低的层面上就存在的自然的心灵感应形式，但在此更为明显了。人们所用的就是一种简单的心智间的交流。例如，一个星光体的人可以发出这样的想法："我想见见你！"另一个人可以拾取到这个想法，并用心智回答。这种联系方式在较高层的世界变得非常重要，因为很多交流都是通过这种方式进行的。

开始肉身的轮回转世

如前所述，灵魂在星光第四层面上，在地球上有了肉身，开始了轮回转世。这开启了一个广阔的新的体验层面。灵魂开始学习它只能在这里才学到的东西。你们进入肉体形式去体验和成长，然后死亡并回到星光世界安息，吸收和整合那些新获得的经验。然后你们再轮回转世到尘世间——希望能够更成熟——去获得新的经验，进一步发展技能和天赋。最好的精神训练就发生在地球上。

进入尘世间的一开始就令人兴奋和具有挑战性。灵魂现在必须学会如何操控一具肉体，并体验尘世间的兴衰变迁。它还在这种奋斗中，学习通过自己的努力来掌握生活的要素，同时锻造自己的精神勇气，期间的乐趣是它从未体验过的。这给了灵魂一个绝无仅有的机会，以全新的方式成长。当灵魂战胜这个世界的重重困难时，它会有一种成就感，还获得了以往在梦中都未曾有过的，对生活的觉知。

我们进入尘世间的第一步就有了自主权，这是种很美妙的感觉。生活的经历也就变得更加栩栩然了。有了自我意识的觉知和自由意，我们经历的情感和体验范围就比以往广泛得多了。我们的欲望本质有了新的表达。我们想要去做，去探索和去征服。起初，我们在尘世间经历倾向于自私自利。但通过反复磨难、过失、悲伤和快乐，我们学会了考虑和关心他人，并在我们的精神进化中取得了新的进步。我们也曾铸成过大错，给自己和他人制造了不必要的痛苦。

我们的首次肉体死亡经历既不可怕，也不太悲伤。一旦我们清楚地回到了星光领域，另一种能量就接续上了。人都要走向死亡是个共识。后来，随着我们成长到了星光第四层面，我们的智力获得了进一步发展，我们把死亡过程看得更重了，它便成了一件令人恐惧的事情。

造访星光第四层面

我在星光第四层面上有过一次难忘的经历，那是我生命的一个重要转折点。当时我的形而上学的事业风头正劲。恰逢人们渴望精神上的教育，我的课程很快就流行起来了。我和一个商业伙伴合作，开办了一个灵修中心。不幸的是，这个人为的是一己私利，结果是这个项目失败了。整个经历让我和我开办的课程都遭受了不好的影响。我感到很沮丧，因为我花了很多时间来做这项工作。更糟心的是，我的许多学生有了这么好的精神学习机会，递到他们跟前却没有坚持下去，令我很失望。我开始怀疑人们是否已经准备好接受严肃的形而上学工作。我决定停下教学，好好休整一段，反思一下、做做冥想和写作。

　　我被一个朋友邀请去住在加州的圣塔巴巴拉。圣塔巴巴拉的美丽给了我所需的滋养。我写作、憩息、并亲历目睹精神领域的美妙奇异。我在一次夜间进入内在的旅行中，有一位天使领着我周游了星光第四层面。我们去到的第一站是一个小镇。感觉就像是在地球，有街道、房屋，甚至还有电车，人来人往熙熙攘攘。然后天使领我到市中心的一个大厅，那里聚集了很多人。他们像是在谈论什么。天使告诉我，他们已经准备好了，在等候灵性的觉醒。他们是些善良快乐的灵魂，但在精神上还没有觉醒。天使指出，他们亟待好教师来帮助他们。看到这些真诚的灵魂，我的心被温暖了。我想要帮助他们。

　　这段经历让我认识到，尽管我遇到了挫折，心里失望，但我的工作还是很重要的。很多人可以从中受益。我重新感受到自己对帮助他人的强烈愿望。尽管这些星光界的存有还没有轮回转世到地球，但他们让我想起了我所教的学生们。我看到了神将灵魂唤醒，并引导他们从事精神工作是一个多么复杂的过程。天使帮助我从一个广阔的视野来看待事物，并让我看到我怎么会是大局的一部分，告诉我要尽我最大的努力，要保持脚踏实地。这段经历重新唤起了了我当教师的积极性。

　　然后天使带我到一个巨大的中转库存区，这是为在地球上要被发现和应用的发明项目而准备的。这是发生在星光第四层面上的最美妙的事情之一。这是一次令人惊异的经历，让我感觉自己得以窥见到了文明的内在矿藏——就是将惠及人类的新技术的蓝本。天使向我展示，许多这些发明和艺术创作都是在更高阶的世界中构思和设计的，但当时候到了，真在地球上物化它们的时候，则必须首先放入这个中转库区待发。我看不到具体的东西，但我被告知这个库区与技术有关。我与其中一位发明家交谈，他解释了他们如何与地球上的人一道工作，给他们灵感并指导他们。那个感觉就像我在创新精神的脉搏中跳动。

　　然后，我被带到了另一个风景优美的小镇。当我们在这个美丽的地方四处转悠时，那个天使告诉我别泄气。在形而上学方面，还有比现在多得多的工作需要我去做呢。新的事物即将到来，还有其他的，更真诚的灵魂会跟随而来帮助我一同推进精神工作。我们来到了一个地方，有些灵魂在那儿和天使们一起活动。他们是最近才被唤醒，正在接受赐福。他们看到了我，认出了我是尘世上的人。他们对形而上学非常感兴趣，并渴望了解更高层次的生活。他们开始问我问题，我们只做了短暂的交谈，但很愉快。我再次看到，他们的学习愿望是那么真诚。

　　然后天使带我到有人在游泳的海滩。水质清澈，祂让我浸入水中，我就下水了。水分外激灵。我感到是在净化排毒。辉光中的担忧和沮丧一并消失殆尽。当我走出水时，天使又给了我一个灵感。祂告诉我选择共事的人要更谨慎，因为过去我在选择商业伙伴时确实不够明智。这个教训很重要，因为我的工作进入了一个需要他人帮助建立机构并完成精神使命的阶段。我非常感谢天使让我有了这个经历，获得了如此强大的动力。回到我的体内，我感觉到精神焕发，头脑清醒了。我更专注，更有动力。我重新开课，开始了教学和使命工作的新阶段。

精神觉醒

当我们通过道德自律和合乎伦理规范的生活来培养和陶冶我们的智力时，我们最终便到达了一个门槛。当我们进化到星光第四个层面这个更高的领域时，我们学习做好人，建立一个健康的智力生活。我们曾一度感到满足，但随后又产生了某些缺失感。我们开始意识到，即使是一个健康的、发达的智力也还不够。不满足感就导致了探寻的开始。灵魂开始更深入地思考生命的意义了。我们已经形成了一个造物主的概念——最初是原始的——但在如何感知我们自己的存有本质上，慢慢地有了些改进。但当我们在星光第四层面上积累了动力时，灵魂便向往了解得更多。

在星光第四层面的上部，我们精神之旅的一扇新的门打开了：我们有了精神觉醒。这种经历我们已经有过的宗教觉醒不同，但却是建立在那个基础上的。有了这种精神或神秘的觉醒，我们隐约地瞥见了我们的天国本质并意识到有一条启蒙的道路。这种觉醒是一个漫长而渐进的精神发展过程的顶峰。这是一个欢欣鼓舞的时刻，是我们通过长期的痛苦和许多艰辛才挣得的。

当我们觉醒时，我们就到了精神进化中的一个戏剧性的时刻——通向更伟大生活的转折点。随着这种觉醒，我们就要做决定：是跟着走过去，走向通往更高的世界，还是止于我们的意识已到之处。因为这是个转变的时刻，第四层面有时被称为区别和决定平面。区别意味着划清我们所处在的生活与等待我们去往的神圣生活的能力。一旦我们清楚了两者之间的区别，然后我们就好决定走哪条路。这个决定听起来简单，但走往高处的生活意味着做出改变。有些人认识到神圣生活的价值，但真到要坚持走下去，其意志力却很薄弱。我们的精神进化总是由我们自己来掌握的。上帝给我们灵感和引领我们，但选择踏上光的道路还要靠我们自己。

最终，每个灵魂都会选择更高的生命。一旦做出这个决定，我们就准备进化到星光第五层面。灵魂是否真要跃进，取决于他们对听从精神上的召唤有多诚心，以及他们攀登下一个精神高地时有多投入。从第四个层面到第五个层面的跃进是一个生命阶段的终点和一个新阶段的开始。有些灵魂已经准备就绪，而另一些灵魂则还徘徊不定。有许多善良的灵魂业已挣得了进入更高领域的权利，但到了真要采取步骤向更伟大的生活迸发时却犹豫不决了。他们可能会安于一隅，或者对探索未知有所抵制，即不情愿改变现状。没有什么比已经觉醒，但又无所作为，不思进取更可悲了。

插图 6.1: 觉醒到更高的生活

这幅插图描绘了一个处在星光第四层面的上部层次的人，他的精神觉醒了。他的灵魂已经准备好要穿过通向神秘生活之门。这种觉醒带来的是，灵魂进化开始展现一个新篇章。

这是个刚过世的人，在他刚过去的那一生中，他是西班牙裔，后成了一名天主教牧师。他生性安静，多才多艺，有很强的智力。他是个好牧师，完成了许多善行。他曾在视觉异象中看到过天使和其它精神现象。在他的那一生结束时，他已经完成了他的人生目标，但他感觉到还有更多的东西。他当时并不知道他正在为他的精神旅程中的一个全新的阶段做好准备。尽管他在世时，没有到结果实的时候，但他正在着手准备即将展开的事情。

在这幅插图中，他发现自己身处一个典雅的、无教派的精神中心的礼堂里。内墙是白色的，窗户高大美观。室内光线很明亮，有一个讲台，那后面是个圣坛。一个人正端坐在椅子上祈祷和冥想。他毫无察觉的是，在他身后有个身着华丽的金色长袍的大天使不期而至。这位身躯伟岸、气宇轩昂，却是满怀慈悲的天堂存有，金发碧眼，俊朗高雅。大天使用一束紫色光的射线为此人赐福，搅动了此人的灵魂。虽然他并看不见光，却感到了提升。这是他的精神在此刻觉醒了。此人并没有完全认识到所发生的事，但他对生活有了新的认识，因而他感到了惊讶和欣喜。这是他的形而上学之旅的开始。他周围有一股能量：粉红色的光环绕着他的头部，表达着他那一刻的兴奋。新的大门敞开了，他从此将开始学习形而上学矢志不渝。在他来到地球的下一世轮回中，他将激活觉醒的精神，开始他精神上升的新一阶段。

插图6.1: 觉醒到更高的生活

第七章 高我的展现 ——星光第五层 和第六层

我们大家都被一个虚幻的人称所笼罩：

一个虚假的自我……

我们不太善于识别错觉，

尤其是我们视其为自己而珍惜的错觉。

——托马斯·默顿《默祷沉思的新种子》

　　当你们在进化中每通过一个星光层面时，你们的灵魂就得到更多的自我表达工具。在前四个层面上，你们被赋予了星光体，建立了你们的本能和智力本质，然后被赋予肉身，开始尘世间的生命轮回。当你们到达星光第四层面的顶峰时，你们有了精神的觉醒，通往神圣生活之门随即打开。从此，开始了通往更高的星光世界的上升。星光第五和第六层面涉及的是完善已获技能，并达到你们的更高的，神圣的自我。

　　在第五和第六个星体层上的生活带来了对服务、爱、正直、伦理、哲学、直觉和灵感的新理解。在这些精神层面上，灵魂经历了对上帝更为深广的认识。你们要建立感知事物的精神官能和灵敏度。你们的本能和智力都在经受磨砺，以为精神服务。你们接受关于精神道路的启示，并积累对宇宙内在运作的经验和认识。有序和谐的宇宙的浩渺和你们征途的壮观都会让你们见识。随着这种情况的发生，你开始去除对事物的物质感知，进入精神实相。

　　生活在第五和第六个星体平面上最美妙的一个方面是我们与我们的灵魂伴侣的关系。当我们开始我们的精神朝圣时，我们与另一个灵魂配对——全凭借自身完成的——通过造化我们结为伴侣。在你们星光界之旅的早期经历中，你们和你们的灵魂伴侣很亲密。在星光前三个层面上，你们共度了很多生活经历。但当你进化到星光第四个层面，开始有了肉身轮回时，你们与灵魂伴侣之间的关系就起了变化。当一个灵魂伴侣投入肉身到尘世时，另一个就会留在彼岸提供精神支持。当那个人死亡并回到星光界时，双方就会团聚。然后，就会轮到灵魂伴侣的另一方投入肉身到尘世，而回来的那位就留守彼岸给另一方提供支持。当灵魂伴侣双方的进化在通过星光第四层面时，这一过程都在持续，这就是为什么在这个精神进化的时期，你们和你们的灵魂伴侣相聚的时间不如之前多的原因。

这些灵魂伴侣的互动关系贯穿于我们在尘世生活的整个肉身轮回过程中，随着我们进化到星光第五和第六层面时，我们与灵魂伴侣的关系几近完美。我们仍然是交替地投入肉身，但我们在投入肉身轮回的间歇，在彼岸共度的时间更长，爱的纽带更加坚固。

了解高我

在探索这些更高的星光层面之前，让我们先看看在形而上学中被称为"高我"的那个神奇的部分。当人类的灵魂开始它的精神朝圣时，它忘记了它从哪里来，以及它到底是谁。相反，灵魂开始认同它所沉浸其中的任何环境。这是进化过程中不可避免的一部分。当一个灵魂沉浸在物质意识中时——肉体的、星光体的或还有别的说法——形而上学称这种意识为"较低的本质"或"低我"。在这个术语中，较低并不意味着贬低。相反，这个术语指的是它在神圣次序中所处的位置。低我的另一个名字也可以叫做"沉浸的自我"。

当灵魂沉浸在它的较低本质中，它开始呈现较低自我的品性和特征，就是在建立自己的人格面具。形而上学称之为"人格自我"(personality ego)，我们大家都持有一个。每个人格都是不同的，因为我们每个人过往的经历都不尽相同，对待生活的方式也各有所异。人格自我就像演员在戏剧中表演时所戴的面具。你们的名字，你们的肉体属性，你们所认同的环境和所在地，你们的习惯，等等都是你们人格的一部分，但在超出科学可知范围的官能上，他们并非是真正的你们。

仅靠较低的本质永远无法攀登上精神的顶峰。它根本就不具有过程性知识来做到这一点。灵魂渴望追求更伟大的事物的唯一方法是，其意识的一部分并未沉浸在物质经历中，并且已经具有了精神上的觉知。因而它才能够指导较低的本质。你们更重要的这一部分就是高我。你们接收圣光、智慧和灵感是通过这个更高的本质，精神管理层与你们取得联系也是通过你们的这个更高的本质，你们的精神进化还是要通过你们的更高本质。

高我一直和你们形影不离。它是在你们开始朝圣之前给予你们的。由于你们有了高我，你们绝对不会全然失忆或彻底忘却你们是谁和你们是干什么的。总有一个东西在提醒你们向上。高我帮助引导你们进化。随着你们的力量和天赋的增加，高我就会变得愈加显目。形而上学把你们的更高本质的个性印记和特征称为"个性自我"(Individuality Ego)。你们的较低本质拥有的是其人格自我，而你们更高的本质拥有的则是其个性自我。

大多数人是以他们的人格自我度过他们的肉身生活的，他们从未达到他们更高的真正本质。他们极为认同自己的人格，以至于他们没有意识到自己还有一个更伟大的自我。当然，这还只是一个目标。一步一步，一点一滴地，你们就能学会放弃对人格自我的固执，索回你们的个性自我。但这并非易事。人格自我会抵制你们索要个性自我所做的努力。在生活和精神工作中，你们会感受到内在发生的混乱，其中很多都是出自于人格，它在抗击你们将自己精神化的奋斗。总有一日，我们终将都要放弃人格自我，完全索回我们神圣的部分。这是我们通过星光第五和第六层面进化的崇高工作。

培养品性——星光第五层面

星光第四层面非常像地球，星光第五层面则开始呈现神圣的外观。你们可以在第五层面上做的事情在其下层面做不到的。这是一个更令人生趣和兴奋的地方。所有的星光层面都有它们的荣耀和目的，而第五层面令人关注的一点是其精神和尘世的结合。它是星光的七个层面中居民最多的一层。灵魂在这个层面上逐渐走出生活的物质感知，并着手搭建将把他们一直带到天堂诸世界的精神基础。你们可以在这一层取得不可思议的跃进。你们开始有了精神生活的体验时，你们会大感惊奇，你们的灵魂随即开始升腾。

这个星光层面被称为乐园。由于自然和星光氛围呈现出一种天体的色调，一切看起来便更加明亮，更加生动。周围的环境仍然是很熟悉的，但当你们对上帝的不可思议开始有体会时，感觉就和身处地球时不同了。而你们与大自然的交流则更为深刻。这里的景色更丰富多彩，鲜明亮丽。你们的饮料是由美味的星光植物酿制的芳香甘露。珍奇华贵的水晶和珠宝在自然界中四处可见，你们还能与矿物精灵交流。动物的种类更多，你们与它们打交道是很愉悦的，因为它们也在一个更高的精神层面上。你们会意识到，所有的自然都处在一个进化的过程中。

因为周围的环境鼓励志存高远，所以你们有上进心，追求极致。相比以往任何时候，到了这个层面上，你们与其他灵魂的交往都更有合作精神、更令人满意、更富有成效。这并非说没有挑战了，挑战还是存在。但其的一般情况或状态与在星光第四层面上所经历的互动有所不同。文明就比你们在地球上见到的更为先进。

在较高的精神层面上，一种令人兴奋的自然能力被称为"飘浮行走"！这种能力从星光第五层面开始，并随着你们在精神阶梯的攀爬而发展。飘浮行走不是像鸟儿一样利用作用力和压强在空中移动。相反，它揭示了精神诸世界的一个深刻的秘密——心念主导物质。你们学习用心智的力量飘浮行走。你们会了解到，心智的宏大包罗超乎了可想象的范围。整个宇宙，包含其所有的维度，是一个心智结构，它由神圣心智产生并维持。

通过利用心智进行移动的能力是一种令人欣喜若狂的体验。这里有一种无法形容的喜悦和兴奋。虽然这是天赋的，但它确实要学才会，需要认真专注。首先，你们要在脑中想象出自己在的某个地方，这样就开始向前运动了。一开始你只能走很短的距离，熟悉掌握后，你可以走得更远。当你与圣者一道走时，会显著增加飘浮行走的经验。他们可以极快的速度带你们走很远的距离。和他们共处的这种场面真可谓是惊险刺激。

非同寻常的友谊是在星光第五层面上形成的。凡与你们相知有素，友情长久的朋友都有可能和你们在地球上的许多往世里打过交道，或是在其它数个星光层面上认识过。你们也许在地球上多次轮回未曾谋面，但只要重逢，便会一见如故。爱是你们的本质，它在这个层面上才绽放，即此你们对精神之爱的真正深度开始有所了解了。

在第五层面上，最超乎想象的一种经历就是你们和天使间的互动。在此之前，为了更便于同你们相处，他们向来都以人类的外形示人。到了现在你们才得以一睹他们光辉灿烂的奇伟真身了。天使们的神圣和荣耀是令人震惊得超乎想象。即此，势必就要涉及到与另一类精神存有，大天使们之间的互动和交流了。他们的进化水平比天使们还要高。由于他们的形象顶天际地，光芒四射，刚一现身时会令人张皇失措。在这第五个层面上，你们会了解了意识的精神层次到底有多少，"精神管理层"这个术语就具有了新的含义。

当你们感受到你们的更高本质的功力时，你们对自己的短处、品性瑕疵和缺点就开始看得清晰些了。你们开始克服自己的人格缺陷，偿还所造的业力，并纠正自己的错误。在星光第五层面的整个进化过程中，很多要做的工作都涉及到掌握你们各自的经验教训以及加强你们自己的品性。由于这些品性上的经验教训，这个星光层面会很难掌握。即使你们处在乐园，人类和上帝之间的冲突还是存在。你们仍然带有一些地球的，第四层面的意识和在那里所造的业力。

于是，你们有可能会拖延和不愿正视你们的这些部分。但当你们开始看到假我的虚妄和你们自己犯下的错误时，就会出现后悔和自责。就感觉而言，你们是不进反退了，原因在于你们时而会取得很大的进步，但旧的坏习惯和行为模式又接踵而来。接下来，你们会愈发感到自己的错误，矢志不渝追求上进。这种进步过程中的反复和挫折最终会平息下来，因为进化和上升的势头推动着你们往前向上。因为每个灵魂的经验教训都不同，所以个人通过第五层面的经历都将是独有的。某个人可能需要学习更多的慈悲，而另一个人则需要更自信，如此等等。直接与圣者们一起工作是恩赐，是他们在你们经验教训中给予你们的支持。

星光层的圣殿

精神生活的还有另一个奇迹，它从星光第五层面的第七个子层面开始，并继续往上贯穿更高的诸世界：圣光圣殿。圣殿一词指的是精神诸世界里的众多的精神训练中心。它们是彼岸所有一切的中心。在尘世生活中，我们有大学、研究中心、医院、博物馆、政治、商业、宗教和文化中心。在精神领域里，则有圣殿。它们是由圣者们建造并维护的，用以帮助展露我们的创造才能和潜力，并且支持我们的灵魂的精神进化。

在这里，你们获得知识、指导和灵感，就是为了以后将其用在星光世界或是地球上的尘世。众多的圣殿，各有专攻。例如，在爱的圣殿里，你们要学习的是神圣之爱的诸多品质。有智慧之光的圣殿，供你们学习生命的动态属性，以及接受面临困境的指导。还有一种是净化圣殿，你们的辉光中旧有习惯模式和负面能量可以到那儿去释放。你们也会被带到与你们自己的才干和能力相关的特定圣殿里。如果你们是音乐家，你们可能会被带到音乐圣殿，在那里你们可以接收到写歌的灵感。如果你们是作家，你们可能会被带到文学圣殿或戏剧圣殿，如此等等。通过你们与圣殿的交互作用，新的世界便会次第打开。

你们要参观这些圣殿，须经天使引进，不得独自入内。因为圣殿的运行频率非常高，圣者们要防止能量掺杂或因故失衡。这并不是说，你们在感到需要时，不能提出要到哪儿去的要求。你们可以提出，但得由上帝决定，哪些是能满足你们的要求也可以去的地方。

在这个内在层面工作的知识所获，即有强大的功力又颇具神妙。当你们进化到第五个层面的顶部时，你们将已经克服了一些关键的品性缺点和瑕疵了。你们的精神进化已经非常稳定了，此时你们对神性的生活更为向往。在你们的学习进阶之前，你们掌握知识的熟练程度将受到仔细的考查。然后，关于接下来的旅程就会有更全面的描述，是为你们在星光第六层面的生活做好准备。

在星光第五层面上的一天

为了更好地描述星光世界，我给各位讲个关于那里的生活故事。这个故事虽然是虚构的，但都是基于我的亲身经历。我们将随着一个叫理查德的男人，领略他在星光领域的生活。理查德在地球时，曾是一名数学教授。那时他是一个有了三个孩子的已婚好男人。他信上帝，但并非十分虔诚。他是在六十岁出头时，死于一场车祸。就其业力图看，那时他的时辰已到。现在他在彼岸已经呆了一阵子了，在等待转世。

当我们的故事开始时，理查德在彼岸呆的时间已经是相当于地球时间的大约二十年了。他看起来约莫三十岁，正值精力充沛。因为他在上个轮回中一生的善行，他获得了进入星光第五层面的第二子层面的待遇。他住的房子颇具英国都铎王朝的风格，大小适中，是按他自己的想法和爱好为他建的。这所房子的庭院收拾得不错，还有一个漂亮的花园。他的家坐落在一个山谷里，四周有鲜花、树木和一个小湖，不远处还有些别的人家，这是一个田园诗般的环境。

理查德是独自一人生活。一夜安睡醒来，他精神抖擞地开始了一天。他走入厨房，喝了一杯芳香的甘露。是他用星光食料自制的，像是蛋白质奶昔，供给他的星光体能量和营养。这就是他的早餐。然后他走进卧室，挑出一件要穿的衣服。他备的衣物很齐全，各种颜色都有，易于搭配。他洗了个澡，穿好衣服，还喷了一点带香的古龙水。在他的家里没有收音机或电视，好像是用不着。他已经知道要发生的事，这一天有什么要做。

然后他走到外面。空气清新，阳光明媚，美丽的云朵在空中飘动。周围环境的内在生机意兴勃发。理查德穿过邻里，和经过的人们打招呼。他的步伐加快，转入飘浮行走了！他把高度提升了一些，大约有十五英尺。感觉这很寻常，他能够很快就走过好大一片区域。所经过的行人，也都这么走。

他很快来到了一个小镇中心。这儿人不多，建筑物之间相隔有距。但还是可以看出这是一个中心聚集地。理查德走到一幢风格显著，似曾在大学校园里见过大楼前。人们川流不息地进出。这就是音乐大厅。他走进一间房间，里面有钢琴和各种各样的乐器，有些见到过，有些则没见过。一个看起来有五十多岁的男人跟他打招呼。原来理查德正在修声乐课，而这个人是他的声乐教师。在地球上的尘世时，理查德有一副男中音的好嗓子。那时他有一种想唱歌的强烈愿望，但从来没有遇到好机会去实现。现在他得到鼓励去学声乐。教他的男子在彼岸呆的时间比理查德的要长得多，兴许有六十年了吧。他挺幽默，很喜欢他从事的工作。

那位教师坐在钢琴前，开始上课了。理查德学得不错，他已经练了一段时间了。教他的教师是个非常优秀的男高音。原来理查德要出演一部音乐剧，现正在准备。这天，他正在学习一首新歌，当晚排练时就要演唱。上完课后，他离开大楼，飘行过了小镇。他先前已经约了宝拉到一个他们喜欢去的湖边见面。她是理查德的女友。她长得娇小可爱，有一头深褐色的头发，蓝眼睛，肤色白皙，喜欢笑。她在地球时，没曾结过婚。那时她在学校当教师，同时也是名艺术家。她过世后在这边大约已有六年了，一直在继续她的艺术研究。

两情相悦是喜欢。理查德很喜欢与宝拉一道去徒步旅行，坐在湖边聊天。他们是在学习大厅里相识的，许多共同的兴趣让他们好在一起讨论，尤其是艺术。情到深处自然浓。他们相拥亲吻。两人一起度过了一个下午，并相约那天晚上再见面。宝拉想去看看理查德的排练。

理查德回家去取某种培训纪要。这是精神上的培训。此时两个天使般的存有突现在他的客厅里。他们身着长袍，个子很高。看到他们，理查德并不吃惊。他感到很高兴。他们温雅地护送他离开房子，继而升空飞行，带着他飞了很远，速度快得令人难以置信。这种体验让理查德激动不已。他很快就发现自己到了一个令人振奋的环境之中。他现在到了星光第五层面的第七子层，站在一座叫做授课圣殿的美丽建筑前。附近还有些其它的宏伟建筑。

这座圣殿高大宽敞，精美绝伦。有很多人来这儿，相当热闹。天使们把他引到大门口，那儿有守护的天使卫士。卫士们认出了陪伴理查德的天使们，允许他在天使们的扶持下入内。他和其他许多学生一道走进一间教室，坐到指定的座位上，他来这儿受训已有段时间了。

授课开始了。在场的几位天界的存有，逐一论述各种形而上学和精神上的主题。其主要重点都是如何应用精神能量。当授课一结束，这些天使们就花时间一对一地教学生。一位天使来到理查德面前，教他一种应用圣光的新技术。还给他布置了作业。课后没有聚集活动。两位带理查德来的天使便又把带他回家，到家后，理查德取出本书来阅读，让身心放松。

夕阳西下，夜幕将至，但暮色还未模糊。理查德离开家去排练，他漂行到镇上的一个礼堂。宝拉等在那儿了，扮演各种角色的演员都已到齐，于是排练就开始了。该戏剧的主题是一个关于星光第六层面的生活故事。音乐很迷人，演员们感觉他们真好像是处于他们表演的第六层面上。排练结束后，宝拉向理查德道别，两人各自离去。整个一天过完了，理查德在又回到家，他进入放松期，即睡眠期，接下来，新的星光一天又要开始了。

插图 7.1：疗愈的圣殿

在这幅图中，所展示的年轻女子被带到位于星光第五层面的第七子层面的疗愈的圣殿。她在星光世界已经呆了一段时间了。在她刚过世的那次轮回中，她是埃塞俄比亚的后裔。她在世时和父亲相处很困难，父亲对她不好。他到彼岸也有很长一段时间了，生活在星光第四层面上。因为还有问题遗留下来没解决，最近她就被带到第四层面与他见面。可惜的是，见面谈的情况并不好。即使过了这么久，他们之间的对立情绪还在那儿。他对她依旧带有敌意，她也发现自己仍然怀抱怨恨，并未宽恕他。这让她感到惊讶，因为她以为自己已经突破了那种强烈的负面情绪了。这次经历揭示了她在宽恕上的问题。她看到了这样一种模式，即每当她感到被冤枉，就会积怨，久久不能释怀。

她知道这些情绪与她现在的美好生活并不适应。为了帮助她，她的天使教师带她到几个圣殿做情感疗愈。天使通知说，有疗愈的圣殿，还有其它的圣殿，尤其是还有爱之圣殿。她迫不及待地要去这些圣殿。她知道自己需要帮助，并希望自己能够克服品性上的这个弱点。他们飘浮行走到一条小路，顺着走就到了寺庙的入口。她看到许多人进圣殿做疗愈和舒缓治疗。

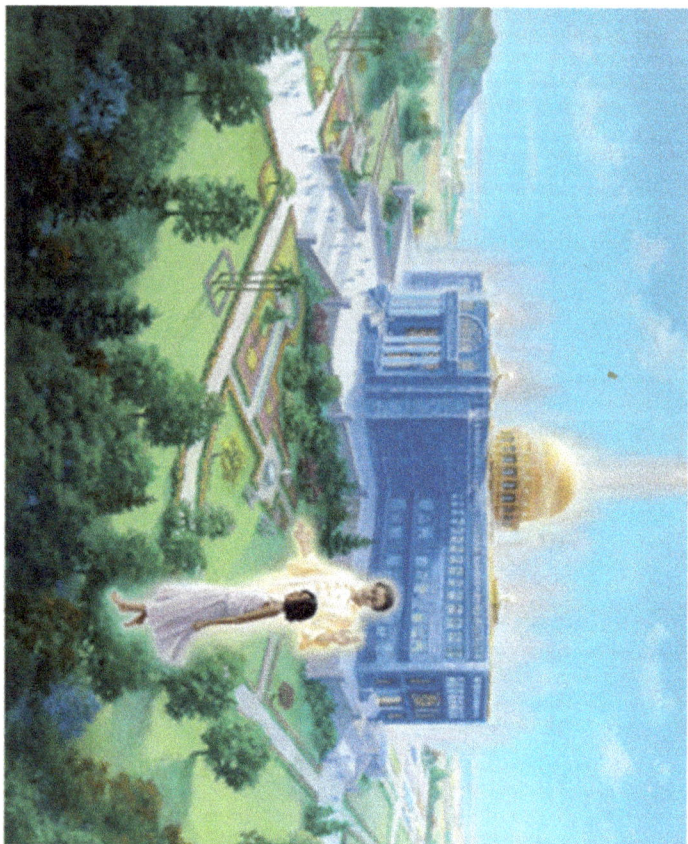

插图 7.1: 疗愈的圣殿

　　疗愈的圣殿是一个有三层楼高的四方型建筑，正门很高大，有漂亮的门柱，十分引人注目。一条两侧种满鲜花的小路通向白色大理石台阶，把她引到两扇巨大的门跟前，门是蓝色的，比墙的蓝色更深些。一个瑰丽的金色圆顶状物坐落在建筑的中央。里面有许多疗愈室和一个大的礼堂，它在圆穹顶的正下方。这座圣殿非经人类之手，而是由天使建造的，是一种地球上找不到的建筑。它没有其它某些建筑那么华丽，但仍然很出色。有大理石花纹的墙壁是浅蓝色的，整个圣殿到处都是光，因为蓝色，尤其是蓝宝石的蓝色，所代表的是精神的疗愈能量。金色的圆顶状物是中心，它的设计十分精美，窗户更令人惊叹不已。在这个插图中，一束来自更高维度的光保佑着圆穹顶和里面所有的人。

这座圣殿是在星光界的一个城市中。可以看到在它背后有其它的建筑和圣殿，以及远处的山脉。从长远考虑，该建筑坐落在一片绿蓝色的水域附近。那里水的磁化强度有很好的疗愈作用。在圣殿后，朝大海望去，却是另一番景象的圣殿，其数量繁多，都是些光池。它们非常之大，堪比奥运会比赛标准的游泳池，但不是用来游泳的;而是用做漂浮的，是疗愈过程的一部分。色彩各异的光池，提供不同的精神品质支持：和平、爱、疗愈、活力、兴盛、和谐或力量。

在水池附近的地面上各种大小不一、颜色和能量射线各异的喷泉星罗棋布，蓝色、紫色、粉色、绿色和银色荡漾出美丽的水纹图。人们不仅是欣赏这些喷泉；还要进到里面去！水的冲力，充满精神能量，令人兴奋，对激活身体和意识很有帮助。

达到高我——星光第六层面

当你们上升到星光第六层面时，你们的进化就加速了。你们所建立的力量和品性已经到了一个具有了强大精神基础的水平。穿越第六星体层是取代较低本质的支配地位，让更高的，神圣的本质就位的旅程。

在星光第六层面上，文明变得更加完善和国际化。星光世界的城镇更加开朗通达，分布得也更为广阔。星光第四和第五层面上的文明强烈反映的是地球上尘世的生活，而星光第六层面上的文明则与我们所知的不太相仿了。它呈现的星光领域独有的特征，具备更多的永恒品质。在这个层面上还有更多的圣殿，涵盖了各种各样的训练和指导。地形和景观更加开阔，更加多彩，更加明媚。上帝的临在变得更为强烈，无论在哪儿都能感觉到。

在这个层面上，你们日臻完善你们的才能，达到新的熟练度水平。你们提高你们的飘浮行走本领，以使你们在星光世界更加自由自在。第六层面是一个平和的层面：许多关于人类较低本质的混乱已经结束了。你们体验到一种精神的宁静——神秘主义者称之为"平和的宁静"。这有助于你们转向内在，更好地理解你们的精神本质。你们以一种新的方式沉思冥想上帝，神圣的生活就会成为你们更深沉的一部分。在第五层面上，你们仍有很多个人意图，但在第六层面上，你们的心智和心则转向更充分地仰赖上帝。你们开始感受到万物归宗，并开始体验到一切是如何相通，以及所有生命运作都在协调。你们会感受到花、树、动物和自然的浑然一体。你们还会发现，小精灵们在大自然里繁衍和兴旺，大自然也得益于它们的照顾。你们很乐于见到它们的出现。

在这个层面上，生活中的忙碌和静思之间有了一种平衡。你们会花更多的时间独处——独处并非孤独。在独处中，你们会感觉到自己比以往任何时候都更加心智清明。有些人一开始难以独自相处，要感应到自己的内在本质是一个习得的过程。在星光第六层面上，可以见到一些特设的训练中心。这些就像地球上的神秘学校和隐修院。你们会在这些中心留住一段时间，培养自己的精神技能。在这种类型的隐居群落生活中，灵魂学习更好地掌控住他们的心智、情绪和本能的本质。你们学习艺术和科学的崭新方面，这为你们对生命的理解打开了新的大门。

在星光第六层面，你们的直觉和灵感心智在进一步发展，为尚在前方的精神荣耀做准备。你们开始具备精神领域的视觉，这会促进你们的以太部分的功能。你们有被特别指定的天使作为一种监护，帮助你们的精神成长。你们与神圣的层级系统之间的互动增多了，开始与你们以前全然不知的，多个层级的存有打交道，有些存有甚至比大天使们更加荣耀。

有了所有这些力量和支持，你们可以更充分地改善你们的品性，对较低的本质，放下执着。在这个层面上会有一些考验和挑战，以确保灵魂已经征服了低我，因此而付出的所有牺牲和努力都是值得的。低我会奋起反抗，因为它仍然想要支配并抓住它所执着的对象：人物、事情，甚至想法。这些内在的激荡可能会很强势。当你们努力克服它们时，会有多回合的交战才能取胜。可喜的是，精神上的推动力对你们非常有好处。

在这层次上，有律己也有奉献。你们学习用你的生命力量来服事上帝。你们觉察到这就是生命力量的来源，在回报中，你们的精神生活进展成倍地成长。你们在这个层次上的活动和服务具有了新的意义。你们明白了，生命中的快乐并非在于索求，而在于施与。对你自己和众生的慈悲心在扩大的同时，追逐私利和自我夸张的习气则会慢慢褪去。

在你们上升通过星光第六层面的各个子层面的过程中，你们的力量也在增加，到你们准备就绪，就要经受考验，看你们是否愿意放弃较低本质的支配地位。要通过这个考验，渴望进入更高生命的有志者，就必须经历一场严峻的考验，在考验中，神明会把你们带到被称为冥界的黑暗区域。冥界的灵魂已经发展到无路可走的地步，非得重返正轨，才可参与进化过程。这些灵魂是被放纵不羁的阴暗行为所吞噬的。这个考验是为了看你们的较低动物本质能否能够承受刺激而不受其影响或屈服于此。这绝非一个容易通过的考验。如果你们没能通过，就意味着灵魂还需努力。会另有机会，未来再争取。

如果你们通过了这个考验，就表明你们已经准备好舍弃对人格自我的执着。这个舍弃要在一个神圣的仪式上完成。虽然彼岸的星光世界里没有死亡，但有最接近死亡的事情，即切断对较低的本质的依赖。要着重提出，这不是人格自我的毁灭;它是切断对其依赖，在感觉上像死亡。

人格自我 Personality Ego 退位后，个性自我 Individuality Ego 继而登基——它在低我之上，是真实的，高我。当灵魂到达星光第六层面的顶部，这份荣耀便即刻来临。你们的辉光场被赋予个性所属的金色光，为你们的觉悟，以至更远的荣耀继续做准备。

插图 7.2：放弃人格自我

在这幅插图中，追求更高生命的志愿者正在经历神秘主义者所称之为的受难，即割舍仪式。这不是一个字面上的钉死于十字架，而是脱离较低自我的支配。为了为这一刻做准备，该插图中的主人翁历经了一系列的训练，包括接受教育、反思、冥想、牺牲、割舍、反复试探和多次考验。他是圣殿既定的该仪式接受者。他在一个神圣的圣殿圣所里。墙壁和天花板设计精美，就像清真寺的内部装潢。有一个观众席，因为这是一个重大活动，志愿者的朋友和亲人都到场给予支持。

穿着白色的长袍的志愿者，躺在祭坛上。气氛庄严肃穆，有点像葬礼。当人格面具被松开时，便会有一种悲情。他的朋友们为他感到高兴，因为他们明白这意味着什么，但他们的心情也是五味杂陈，仿佛感觉到他们的老朋友渐行渐远。为他高兴的，还有在场支持他的灵魂伴侣，但她知道这是他们之间的一个转折点，因为他们在人格层的纽带要被断开了。这是每个人的必经之路，人际关系也会像时节一样流转，所以在他们之间的新阶段开始之前，是会有所失落和悲伤的。

天使们在仪式上围绕着志愿者。他们都身着金色的长袍。众人都沉浸在冥想和祈祷之中，明亮的白光充满了整个房间。你们看到天使先是消除此人的人格自我的精神形象，然后"切断这种能量的索带"。这并不意味着人格面具的消失；它依然存在，但其主导地位已经结束。当人格面具自我的形象散去时，一些观众哭了，流出慈悲的泪水。过去的生命就此结束了。很快，他将经过复活仪式，以取得他的更高本质。他的真正的自我就将逐渐占据主导地位，随之在他的进化过程中，也将开始新的一天。

插图 7.2：放弃人格自我

第八章　　觉悟的领域——星光第七层面

救赎之道是由真理铺就的。

—— 斯瓦米·维韦卡南达

　　你们上升到星光第七层面，就上到你们星光之旅的一个奇妙的顶峰了。当你们感应到自己的更高本质，便进入了这个发光的领域——你们在星光经历的顶峰。地形和景观美到无可挑剔。灵魂还是继续在地球上的尘世投入他们的肉身，与此同时，他们的精神发展达到了一个非凡的境地。在这个领域里，神秘的本质也时逢觉醒。精神道路是在星光第四层面真正开始的，随着你们的神秘本质的揭开而进入全盛期。在这个领域你们会亲历许多奇迹，正是在此，你们融会星光界/尘世间旅程中的所学，集其大成，迈出伟大的一步，豁然觉悟。

　　什么是觉悟呢？就是你们的意识在所有方面均已成熟之时。当你们"穿透物质的面纱"，感受生命的内在本质时，这是一种起了根本变化的觉知。随着觉悟而来的是许多精神的天赋和能力，这些能力与灵魂的精神上的领先是相应的。最重要的是，通过觉悟，你们感知到上帝。在你们的寻求和奋斗中，正是在这个精神的维度，你们通过所谓的"感知中的上帝"直接感知上帝。你们现在知道上帝的存在了；上帝是实际存在的。当然这不同于你们回到天堂家园时亲历上帝，但它是内在的指南针，引导你们通过更高的多层领域。

　　星光第七层面的每个子层面都是一种深刻的经历。层级递进都要有考验，这些关口很不容易通过。在较低的层面上，有一些惠泽可以帮助你们的成长。但在星光第七层面，每个子层面都必须一一掌握，然后才得以进入下一个。《启示录》提到了必须被打开的七个封印。这些封印——把它们想作为一扇扇大门——是每个灵魂必经的途径，完成这个层面的上升，就完成他们的星光旅程，达到了觉悟的伟大目标。

当你们开始你穿越这个领域的旅程之时，你们就会意识到你们已经走了有多远。夺去人格自我的支配地位是多么大的成就啊！而且在这个领域中，把握逐渐展现的力量和才能又是多么的重要。此时可获得的智慧也极度令人惊讶。你们被带到那些可以接触大量资源或知识的一些圣殿和地方。这种宇宙智能触手可及离得太近，需要经过些适应才能保持平稳。在通过这种辉煌的壮观过程中，当你学会保持你的思想稳定时，智力就放松了，灵感心智就会占据中央舞台。奇妙的创意就会接连开始流动。这种创造力可以应用于生活的任何方面：艺术、科学、商业、教育等等。这是一段令人兴奋的时间，因为在这个层面上，大家都在应用其专长，表现神圣的创造力。你们很乐意与其他的灵魂们交往。星光层面的表达具有创造力，而创造力的核心就是星光第七层面。

当你们在建立你们的多种创造力时，随之有扇门便对觉悟中的心智敞开了，这就是历代圣人都曾领受的，先知的恩赐。这个先知就是圣灵，希伯来神秘主义者中的阿克.哈.古德西 Ruach HaKodesh。一旦恩赐降临，上帝的心智便照亮了你们的智力。你们赖以生活的就是这个光明，它与永恒的心智直接相系。中世纪的伟大的哲学家，摩西·迈蒙尼德，完美地表达了获得阿克.哈.古德西的精神要求：

> 这样的人必须先靠自己努力，直到他的心智清晰度能够保持到稳定不移，朝向上天。他必须把他的智力与祂荣耀的宝座的紧密相连，努力理解超验的圣洁。他必须更静于默祷沉思上帝在每一件事上的智慧，无论它是地球上最高的精神实体还是最低贱的东西，都要理解它的真正意义。这样做的人即刻就够格拥有阿克.哈.古德西的能力了。当他获得这种精神力时，他的灵魂就会和天使的层次息息相关……他变成了一个全然不同的人。他现在理解事物的知识与以往的经历全然不同[1]。

一旦你们的心智达到这种光明的状态，你们就会被委派到管理地球现行的，神圣计划的伟大工作中去。天堂诸世界是精神的总部，星光第七层面是执行该计划的管理中心。你们会看到顺逆都有的，人类进步的宏观图景。有很多工作是为地球上的灵魂做祈祷。即使地球上的事态杂乱无序，这个关乎每个人的计划也是持之以恒的，精神管理层旨在帮助个体地和共同地实现这个计划，始终如一。

你们参与发送圣光和灵感的工作，以此帮助需要的灵魂，就是那些迷失方向、遭难或痛苦的众生，以及那些为改善世界状况，在担任重要工作的人物。你们要知道，地球上

---

[1]引用自阿里耶·卡普兰 Aryeh Kaplan 的《冥想与圣经》。

有一些高层次的灵魂在执行重要的任务。他们中的许多人来自天堂诸世界，他们悄然无声地服事上帝。当你们为痛苦中的人们工作时，你们的心扉是敞开的，新一层的慈悲就会被唤醒。你们会发现，觉悟若缺乏真诚的服务，就其本身而论，是一种徒劳无功的事。你们学到开悟的灵魂是以他们生命的鲜血来为人类服务的。一个关于服务之路的伟大内在启示就会对你们显现。你们会感到一种极大的忠诚感和对他人的爱。当神圣生命的内在运作方式打开时，这是一个奇迹般的时刻——一个流入你们内心，满溢喜悦的时刻。

当你们唤醒深层次的慈悲时，圣者们会帮助你们理解你们自己的灵魂。会使你们的灵魂感受到，它是一粒属于永恒生命而又具备个性的火花。这种感受即强烈又震撼。在那亲密无间的一刻，神圣之感油然而起，其幸福难以言表。这是一个对自己永恒本质的感受。这使你们得以瞥见你们的真我，始而认出每个灵魂里的永恒生命火花。还将引导你们踏上一段旅程，去更充分地理解和感受灵魂，以及它与所有生命之间的关系，这些都在既定的维度上等你们到了去进行。

通过你们自己灵魂的感受，你们唤醒了你们的神秘感觉官能，这些感觉官能，直到现在，一直都处于潜在状态，唯有通过直觉才能感到。你们以前感受到的只是部分，现在感受到的则是全部。有了这种神秘的超觉天赋，你们就可以刺穿物质的面纱，看到生命的精神运作。你们直接体验圣光，看到环绕人和事物的辉光。通过神秘的感觉官能，你们可以听到圣音和天体的音乐，心智和心灵都为这天籁之音而倾倒。你们业已通过层级递进的考验，进入了自然的内部圣所。

你们与其他也拥有神秘天赋的人互动，并且你们以一种新的方式与人交往。有了圣光助力，你们的工作更为深入。这些脱颖而出的才能促使你们的成就达到一个势不可挡的新水平；你们必须认识上帝。其它事情都不重要。到目前为止，你们历经所有的事情来到这一点。它们件件都很出色，指引你们朝向这个伟大的目标。在你们上升中的极其重要的阶段获取成功之前，你们必须通过你们所经历过的最艰难的考验：考验是否还有某个品性上的缺陷，恐惧，或诱惑，仍然可以让你们偏离圣光。这是对抵御邪恶的考验。

你们被带到一个难以想象的黑暗的地方——恶魔诸世界去经受这个考验。这些领域不是幻想作品或科幻小说；它们是阴冷彻骨的真实。它们不同于地狱，你们在获得星光第六层面的更高本质之前，接受过考验的地方才是地狱。恶魔的世界则要糟糕得多。在此处，作恶者是有意识地违反精神律法，他们为一己私利，竭尽所能阻止神圣的计划。这个地方的阴暗难以形容。凡是好的事物在此都遭到故意破坏，胡作非为的行径尽有发生。恶魔们枉费心思地策动滥用每一项神圣的原则，倒行逆施以使别的灵魂堕落。这一次的见闻会使人认识到，此类事情是真实存在的，对自由意志的滥用的程度可以如此骇人。

你们有可能不愿独自在那里久留，所以你们穿过这些领域的一路都有天使护送。即便有了神的支持，这些恶魔的能量也会钻心刺骨地去考验你们。这些邪灵奸诈狡猾。他们会试图去发现你们品性中的任何瑕疵，最轻微的弱点，如果有，他们就会发现。他们会试图恐吓、勾引并诱惑你们。仅凭你们的智力难以让你们在此地保持定力。唯有内在的纯洁才能经受住邪恶的考验。

如果灵魂经受住了这等来自恶魔的严峻考验，保持了圣洁，这就证明了它已准备就绪，作为胜利者回归星光第七层面。取得这个伟大的成就后，你们继续朝圣，去到一个远离纷扰的清静之地。这里的大自然，华光普照，万籁俱寂，你们内在的上帝苏醒了，你们随即豁然觉悟。你们一直以来寻觅，服事和爱主，现在你们终于认识上帝了。造物主生育了你们，你们重新点燃了对他的认识。你们已经不再是很久以前的精神婴儿了。在意识上，现在你们踏上了与上帝合作的道路。在这段神奇的旅程的极盛期中，会有至福、欢乐和与神交流。你们生命中所做的一切引导你们来到此地。所有的生命轮回、考验、伤害、悲伤、欢乐、冒险、关系、事业和失误汇集，才来到这一刻。当然，你们还没有回到你们永远的家园，但你们内在的上帝已经苏醒，上帝怀抱中的你们也苏醒了。

你们被赋予了非凡的视野。对此你们感到凯旋归来满心欢喜。你们在星光世界的进化离毕业近在咫尺，但大功尚未告成。还有一步要走：唤醒你对星光世界之外的更高层世界的觉知。在觉悟后，你们就要开始了所谓的"精神世界的行星旅行"。你们早先不过是知道有更伟大的世界存在，而现在，有了天使的支持，你们将亲临这些更大的领域。见识到如此的奇妙绚丽之境，你们连呼吸都会忘却。你们欢庆胜利之喜在谦恭、慈悲心和神圣的服事陶冶中而平顺下来。随着你们的大彻大悟，你就会体验到三摩地 Samadhi，一个梵语中表示进入无限喜悦的词，即专注一境而如于禅定。在某种程度上，这个三摩地是对星光诸世界的永别。现在你们的灵魂将在回归上帝的旅程中开启下一个设定的伟大历险，即上升穿越通往天堂的行星际诸世界。

你们内在的世界在精神上所走的每一步也必须在尘世生活中完成——包括觉悟。当你们在内在世界建立你们的光明、慈悲心、神秘感觉官能和觉悟之时，你们在返回地球尘世时也会完成同样的成就和异能，你们在精神诸世界中呈现的一切，都会带到物质领域的外部表达出来。这是个"固化"经验的过程，使经验成为灵魂的永恒表达。

插图 8.1 觉悟和爱的圣殿

这幅插图显示了通过星光的七个层面漫长而卓绝的旅程，发展达到顶峰的个人实力和天赋。这个灵魂通过了诸多星光世界和尘世的生命经历，才进化到达此地步。她的品性已经成熟，并唤醒了许多要达到觉悟必备的精神才智。

　　这个女人已经到达了星光第七层面的第七子层面——星光诸世界的绝顶高地。她在精神诸世界已经有些时间了，其的精神力已全然融会于她的星光意识之中。她唤醒了她的神秘力量，她的心灵感应能力，和她的神秘感觉官能。她经历了许多考验以及层级晋升，才达到能直接感受上帝临在的地步。此后，她还要过最后一道考验——她在进入尘世的下一轮回中，要重新唤醒这些同样的力量。如果她能在肉体形式上完成这一壮举，她就一切就绪，要进入星际世界，继而着手为升入天堂做准备。

　　在这幅图里描绘的是，觉醒的入门者站在一个阳台上俯瞰爱之圣殿：这个建筑的布局清晰，类似于古希腊的辉煌时代的风格，有气质典雅的结构和极具魅力的环柱。无处不在的粉红色、紫罗兰和蓝色的圣光，恰似流光溢彩。在寺庙前的庭院周围是地球上见所未见的玫瑰，千姿百态，令人叹为观止。生机勃发的花丛熠熠生辉；可爱的自然精灵从它们的精华中吸吮甘露。甚至连树木都闪耀着圣光。

　　爱之圣殿是天堂的爱和慈悲的化身。爱的天使们在这座圣殿里工作，把爱和光传递给他人。该圣殿从天堂诸世界接受上帝的爱，并将爱的力量传递到星光层面以及到地球。在这座圣殿庙里教授的是伟大的课程。这个女人刚刚从另一座圣殿出来，她在那里刚参与过疗愈，正在花一点时间冥想和补充能量。开悟得到的最伟大的礼物之一就是，你们成为精神管理层的成员，奉献自己参与服务，帮助他人进化。

　　我们看到了她开悟的辉光。它的形状是一个带尖的椭圆，其外部现红光，表明她属高端的精神层次。她已经驾驭了自己的本能本质，现在引导她的是上帝的精神。她的辉光的能量一直上升到她头顶上，呈花朵状，闪闪发光。这是她顶轮，已经敞开了，表明其已觉醒并具有了成熟神秘力量。她的心轮的精神力量特别生动活泼，表明她已经感受到上帝的临在，并在知晓的状态下与上帝同行。她花了很长时间去信仰和奉献，其内在才达到如此程度的觉知。她的心已牢牢地定于上帝，没有人再能撼动她献身上帝的精神了。

她眺望着一个异常美丽的惊人的远景，这个女人正在接收的一个发自神明的，行星系统的视觉异象，即图中描绘的钻石镶嵌的螺旋。行星和太阳系在精神上是充满生命的，因而在生命的宇宙秩序中，她现在是一个有意识的参与者了。作为她觉悟的一部分，她具有了行星旅行的天赋。她可以有意识地在更高的精神维度上行动。这个视觉异象把她带入一种精神上无限喜悦的状态，长久的辛劳收获了果实，她升华了，和万物融为了一体。

觉悟是我们终究都要经历的事情。无论它是发生在今生，还是发生在来世，它都将发生。我们的工作是做我们该做的事情，为等在前面的更伟大的生活做好准备。

插图 8.1　宽恕和爱的圣殿

第九章　　为天堂而做准备　——
行星际诸世界

玄之又玄，众妙之门。

—— 老子《道德经》

　　一旦你们在上升中你们通过了星光界的所有七个层面，你们在精神进化中就达到了出类拔萃的地步，在圣光的修习中获得了巨大的发展。但在你们进入天堂诸世界之前，还有另一座荣耀的精神之山要攀登，即精神领域的行星际诸世界。这些维度的工作就是你们在升至天堂之前要做的准备。在这些领域，你们将汇集你们在尘世/星光世界所有轮回转世的经验，同时不断展现新的精神力量。

　　各种形而上学的传统均包括行星际诸世界，将其作为其精神宇宙学的一部分。他们所使用的术语各有不同，造成这些领域的研究颇为困难。尽管术语有分别，这些都属于强大的、开明的领域：奥秘、玄妙、令人兴奋。因为它们非凡的品质，有些人把它们和天堂联想到一起，并以此称呼它们。就像星光体层面一样，它们即是灵魂居住的真实所在，也是感受的意识层面。具有精神领域的视觉和超自然的经历是这些领域的标志。

　　行星际诸世界由三个大领域组成。每一个领域在神圣的过程中有其自己的目的。在行星际诸世界中，你们继续增强你们觉悟的力量。你们把你们的精神本质和辉光组成的各个方面都集聚起来；在某种意义上，你们整合了你们的所有部分。你们把你们在地球尘世中所有生命轮回中采撷的智慧，结合你们在漫长的星光界的攀援中积累到的所有经验，去充分表达你们应得的天赋和才能。在这些领域中，你们要清偿你们的业力债务，继而得以进入神秘婚姻，由此引导你们到天堂开始新的生活。

积聚你们全部的灵魂力量

要理解这些领域是如何成为你们的精神进化的一部分的，就需要对灵魂的激励力量或驱动力及其与转世过程的联系有一些洞察。正如我们所见，在地球上的一生时间并不足以积累灵魂所需要的所有智慧和经验。你们的灵魂要转世许许多多次人生，才会进化到天堂的世界。每次人生转世，你们的灵魂都会有精神力量的收获。

然而，当你们进入人生时，你们并没有带来你们所积累的所有灵魂力量。因其太多。你们只带了你所获的全部精神力量的一部分；你们没有带来的那部分还留在精神诸世界里。更具体地说，你们只把全部圣光的四分之一的力量带入一个轮回的人生。灵魂所获得的其它四分之三的圣光，仍然保留在精神诸世界里。

为什么灵魂不能马上发挥出它的全部力量呢？因为灵魂需要学习和发展的东西很多，以至于在每一次轮回的人生中，只能集中表达它的某些方面。举例来说，假设一个灵魂具有非凡的音乐技巧，是其在多个前世习得的才能。它自然会受到吸引而从事音乐职业，而且擅长于此。如果此人一生圆满，完成了其作为一个音乐家本要完成的一切，那么此次轮回就被认作是成功的。然而，灵魂还有更多的东西需要学习。也许它不擅长商业、管理资金，或者与出版商和推广商谈判。也许它的注意力都集中在音乐上，可能一直以来都处理不好人际关系，也许它想要有一个家庭，但却没有，因为计划中的此生并没有这一部分。

这么以来，当这个灵魂完成了作为音乐家本要完成的一切，其它领域就需要关注了。在未来的一生中，此人的音乐才能可能会被隐蔽起来，以发展其意识和诸多才能中的其他部分，灵魂也要探索其它一些方面的表达。如若不然，灵魂带着同样的音乐才能转世，它自然而然地会再次受到音乐的吸引，而可能忽略其本质中其它需要完成的部分。通过保留一些精神力量，它可以专注于其它方面，这是为了发展出一个完善的品性。音乐的创造力依然还在，只是暂时被收藏了。

在下一世，此人可能生来就热爱音乐，但并非是杰出的音乐天才。此人可能会弹钢琴或歌唱得好，但与前世的却不能相比。因而未以音乐为职业。其结果是，灵魂的在其它方面的精神能量则随之转世。这种新的辉光配置，譬如，可能会引导此人进入经商和顾家的一辈子，一个建立新的技能和才干的好机会就给予此人了。通过转世积累了许多体验，灵魂一直在多方面加强它的品性和本质。

随着灵魂从这个经商和顾家的新一轮人生中吸取要旨，其灵魂力量的那一方面就会开花结果。一旦此一生结束，如若成功，那一方面的精神力量将被添加到众多积累的灵魂表达中。最终，灵魂要把其经验和精神力量所有的各个方面：音乐、商业、社会、精神等等，都归总起来。这是灵魂在进化中，通过精神领域的行星际诸世界的过程中要发生的事。

这个原则告诉我们不要着急，要在一生中做完所有的事；这是根本不可能的。专注于你们知道需要处理的基本事物。时候到了，你们就会将灵魂本质的所有品质融会贯通。

心智世界

在星光世界之上的第一个维度被称为心智世界。神智学称其领域是神的住所 devachan。它也被称作"光辉之地"。虽然心智世界一直以来被描述为天堂的一种类型，但这并非真正的天堂。事实上，许多人报告过脱离身体到过天堂的经历，事实上，其所到之处是心智世界 devachan。尽管如此，心智领域仍是一个极具吸引力的地方。有一种难以描述的极乐与心智世界相连。

你们作为觉悟的灵魂进入心智层面。在这个领域，你们探索你们觉悟的力量，尤其是觉悟的心智。在心智层面上，你们深刻地领悟到心智过程的内在工作方式以及你们和神圣心智的关系。你们学习心智的结构，体验一切的形式和实质是如何从心智开始的。你的身体，你们所生活的世界，都是心智作用于物质的创造。你们会发现宇宙本身为何是一个心智构建。你们获得了来自神圣心智的真实图片，其形象在星

光世界和物质世界中必须隔着的那层面纱不复存在了。你们
会了解到心智是如何渗透到生命的各个维度，从最原始的到
最开悟的每个层次。

心智世界如此不寻常和令人兴奋的一件事是，你不再是
居于一个星光体中。而是居于一个由以太原子组成的体内。
这个体也有形态，它看起来也像你们，但其精神能量比星光
体的更强大。这种转变很显著，感觉是你们处于一个更接近
天堂般的状态。你能够感知到以前不曾有过的自然的力量。

当最初进化到心智世界时，会有一段调适期。你们被带
到一个叫做玫瑰屋的地方。你们要在玫瑰屋里入眠一段时
间。这有助于你们适应在这个令人兴奋的环境中的生活。一
旦你们适应了，心智层面上的生活就真正开始了。灵魂继续
汇集其在地球累世和星光各层面所获得的知识。开发你们的
更伟大的心智自我是一种光荣的经历。想象一下，你们将接
触到，过去各种不同的轮回转世中形成的，由灵感激发的所
有想法！

心智层面是思想成为事物的地方。在这里，你们逐渐学
到一种不可思议的能力，就是直接通过你们心智的力量展现
出事物。这种能力的确非同寻常。我在心智世界曾有过一段
经历，我在那儿能够通过心智的力量展现一枚美丽的红宝石
戒指。这是一段令人十分振奋的经历！你们还会发现语调和
话语的非凡力量，这也是展现的一部分。精神的语调激活了
想法，唤起它们进入运动。正因为如此，心智世界中的话语

是神圣的。当人们理解语言表达的力量时，他们在说话时便会十分小心。

你们的心灵感应能力大大增强了。这种思想上的通晓深化了你们与他人的关系。你们遇到的都是非常好的人，与他人分享的比以往任何时候都更多。你们没有什么好隐瞒。你们可以知道他人的真我，他们也可以知道你们的真我。

你们心智世界的进化中要通过七个层次，此间你们仍然在尘世中轮回转世。例如，我曾经有过一次接待了来自精神诸世界的托马斯·特罗沃德的到访。他是 19 世纪末和 20 世纪初的精神科学和新思想运动的先驱。他以他的以太形式出现在我面前，为我正在准备的一个关于心智的精神维度的讲座提供了一些灵感。他有一种美妙的振动，我可以从他的辉光中看出他是来自心智层面。

在这里发生的所有心智刺激中，我们很容易忘记，心智层面的真正课程——就像所有的精神维度一样，是内在的课程。帮助你们通过不同的心智层次毕业的，是你们一直在学习的，活在精神真理中的能力。

插图 9.1：心智高于物质

在这幅插图中，穿长袍的人站在一个宏伟的金字塔前，它被叫做精神基调的圣殿。它有白色大理石边，入口十分壮观，窗户呈三角形。它坐落在一个高原上，田园式环境很优美，周围的建筑都比较小。各种光线在这个宏伟的建筑内部和周围游移。在这个圣殿里，灵魂学会了使用话语的力量作为心智的工具来物化事物。这个觉悟的灵魂正在用他的心智力量来展现他所构思的一本书。音乐的天使站在他的两边。一个在演奏一种不寻常的乐器，看起来像一个小竖琴；另一个在吟唱。乐音十分悠扬动听。当他们表演时，音乐的振动正在帮助他增强他的展现能力。他正沉浸在一个精神创造的过程中，近乎于一种虔诚的极乐状态。

插图 9.1：心智高于物质

因果世界

　　在心智世界之上的另一个领域是因果世界。这就是灵魂慢慢适应它自己的身份和宇宙历史的地方。灵魂的一些伟大的奥秘在因果层面上被揭示出来。

　　在这个领域居住，你们是处在一个因果体中。因果体和世界是由比心智世界更纯净的以太原子组成的。从心智层面一直到天堂诸世界的所有精神领域是由各种不同层度的以太原子组成，每上升一个领域，就更加纯净。因果世界的原子并不像天堂世界的原子那样纯净，但它们的力量增加了很多。

　　一些形而上学的学派认为，因果平面是心智层面的延伸。神智学把心智世界称为是具体思维的层面，而因果世界是抽象思维的领域。在印度的形而上学中，心智层面由两部分组成。下部称为天堂 Swagelok，上部称为因果层面 Maharlok。印度的神秘主义者室利·奥罗宾多强调了因果层面的力量，他称其为"超级心智层面"。因果世界是原型思想存在的地方。在因果世界里，你们会积累了更多的心智能力，你们的表现能力会增加。你们会熟练地运用觉悟的力量，同时会更谦恭，因为你们知道你们的力量不是源自你们自己；它是源自上帝。

　　因果层面的一个非凡特征就是你们体验生活的方式。生活归根到底就是经历。有些经历对你们的影响很大，有些影响则不那么大。有时候，你们的专注点可能在其它的地方，致使你们对当下发生的事情并未真正在意。抑或你们根本没有认识到正在发生的事情的重要性。在因果层面上，你们却强烈地处于临在状态中，对当下所发生的一切事情的重要性都有深刻的觉察。当你们认识到它们的内在意义时，你们的交流和活动便具有了深刻的意义。

忠诚奉献在一种新的层次上展开了。你们所经历的人际间交往更加深刻。你们会发现你们与其他人类灵魂之间的纽带联系竟有这么丰富多彩。你们对自己爱得更深刻，奉献的更加多。你们对自己的品性弱点有敏锐的觉察力。即使你们开了悟，改进的空间一直都会有。对他人要宽容，了解他们的优点和缺点，以及他们在精神进化中所在的位置。

轮回转世和因果世界

因果世界是灵魂表达的一部分，其与轮回转世的过程密切相关。轮回转世涉及到生命的诸多领域，但许多的战略规划和审查工作则是在这个领域进行的。准备新一轮转世的关键要素也产生于因果世界。

因果层面是灵魂的层面。在因果世界的进化过程中，最重要的目标之一是，无论其好坏，全盘接受你们以往累世的业力。在你们向天堂世界的攀升中，你们也会全方位，深层次地回顾自己漫长的业力史。你们开始了一个接纳讲和的过程，在那里你观察许多往世的生活，获得你的宇宙故事的第一手资料。你们看到了你们在诸多轮回中积累的善行。有些前生更是出类拔萃，成就斐然。你们看到了自己在人类经验的许多方面是如何取得成功的。你们自己灵魂史的强大精神底蕴增强了你们的信心，给予你们勇气和希望。

同样地，你们也会回顾那些在痛苦和挣扎中度日的前尘往事。你们会目睹自己熬过来的过程。继而明白任何努力都不会白费。即使你们在某一辈子徒劳无功，善果终归会出现。过去的磨难，你们在身临其境的当时也许不知所以，但它们却是为更高的目的服务。你们从未有过孤独。即使在那些艰难困苦的往世中，上帝也在你们身边。

此外，你们也回顾那些丢失了精神基础，误入歧途，为非作歹，甚至罪大恶极的轮回。也有些往世，你们充斥在欺骗、盗窃、纵容、谋杀之中，或沉溺于巫术。这些往世中，你们招致他人的痛苦，以及你们亵渎神明的一五一十都不堪入目。对自己竟然犯下如此的恶行，你们看过后会有自责。它打开你们的心扉，知道我们的过去都有兴衰沉浮，这些经历是精神进化不可避免的一部分。也是我们要一一接纳讲和的部分。

然后你们要经历一段时间，请求上帝宽恕你们过去的罪孽，清除你们的灵魂中这些陈迹的所有残余。你们通过这个过程清洗、净化和提升你们的灵魂。业力之主向你们展示了你们已经完成的业力债，仍需清偿的业力部位，以及所欠的债务。即使已经进化到因果层面，你们仍未还完你们所有的

业力债务。但到那时，你们接纳自己，改正过失的动力更为
积极。

当你们通过因果世界达到你们进化的顶峰时，你们就会
更加理解，自己实为一个不朽的灵魂。你们的许多悬而未决
的业力问题业已完成，即此你们终结了自己漫长的业力史，
也汲取了历史给予的众多教训。你们现在已经安排妥当，就
要开始汇总你们所有积累的才能、经验和精神力量，做跨入
天堂的准备了。

插图 9.2：与过往轮回和解

这个灵魂已经进化到因果世界，在经历一个与过往轮回和解
的过程。他和众业力之主聚在一座宏伟的寺庙的观景室里。桌子
上摊放着一本生命之书；翻开的正是他的页面。书页里的圣光在
字里行间熠熠生辉。墙上有一个观看屏幕。在这个屏幕上，这个
男人看到了过去某一世的情景，当时他身为仆从，为他人做了许
多牺牲。过往的情景就像是过电影，但这部电影是三维的。他觉
得身临其境，体验他在那一世的所作所为并感受到当时的真正动
机。他的经历是客观的，没有个人的色彩。他即高兴又惊讶，自
己能够做到这样的良善，这激励他要更多地去做善事。

插图 9.2：与过往轮回和解

以太世界

现在我们来到了精神星际诸领域的顶端——以太诸世界（不要与天堂诸世界中的精神以太亚世界相混淆）。当你们到达这个层面的时候，你们更接近天堂，更远离尘世了。这一层面的精神进步，与天堂的辉煌近在咫尺。在这个领域里，灵魂的各个方面归于集合，为进入天堂诸世界做最终准备。

这是一个非常神秘的层面，充满了视觉异象和精神体验。当精神展露到了这个阶段，你们会极为喜悦，庆贺走到这一步的成就。你们感到功成行满，心怀感激。激动不已，又欢欣鼓舞。你们参与秘密会议，会晤高级的精神存有，并且更加密切地与精神管理层合作，有关他们自己的秘密，所涉及的之前都不曾被允许披露过。

在这个领域里，你们处于一个强大的以太体内。你们的精神感觉更精准，可以看到神秘的生活的更多细节。你们的觉悟力量登峰造极。最为突出的是，此体威力强劲，收放自如，得以囊括你们灵魂的全部力量。在这种以太的形式中，你们把你们真我所有方面——在你们漫长的灵性旅程中积累的所有教训和才能——凝聚成为一体。以前的零散不全，现在到了融会贯通。你们被称为文艺复兴人，是多才多艺的全才。

在以太层面上，你们偿还了你们所剩的所有业力债务。在迄今为止的进化过程中，你们一直在处理业力状况。现在，你们在升入天堂世界之前将全部清理完毕。你们有了一种如释重负，自由自在的巨大感觉，知道你们终于纠正了你们的所有错误，也释怀了他人对你们的所有恩怨。

你们达到了一层新的个人表达之地。你们的一切都在神性自我的光辉笼罩着之下。你们达到一个新的无私奉献水平。你们勤奋地工作，参与了许多项目。你们已经学会了摆脱低我的幻想，由你们神性的自我来运作。这个工作是从你们到了星光第七层面时就开始逐步推进的，到现在进入全盛。你们会收到许多精神的视觉异象，特别是神圣计划的异象，还会向你们展示，基于运动中的动力，未来可能发生的事件。你们可以看到你们所有领域是如何在交织中成长的过程，以及尘世间的生活是如何依赖于精神诸世界的。同时，你们也可以看到尘世间的生活是如何影响精神诸世界的；它们都是相互关联的。

关于进入七层天堂中的首层精神以太亚，要准备的工作有很多。所有灵感来自天堂世界的精神、宗教和形而上学的学说都存于以太世界中。伟大的世界诸多宗教和形而上学的传统的原型都是在这个领域和谐安排，协调有序的。你们可以看到天堂诸使者，如佛陀、克里希纳、摩西、穆罕默德、耶稣和孔子，是如何从这个领域把他们的神圣学说具体化到地球的。

你们从这个层面上所获的肉身是你们的精神旅程至此所拥有的最神圣的肉身。虽然这个领域的居民不像其它精神层面那样多，但每个灵魂都在为其最后的攀升做准备。而不仅只是你们；这个领域的每位都处于他们成就的顶峰。他们与你们分享他们的故事，而你们也把自己的故事讲给他们听。在这个层次发生的友谊都是世代相随的。你们和大自然、动物间的紧密关系也达到一个新的高地。以太领域的美是星光、心智或因果世界中的一切发现所不可比拟的。万物的生机活力都在你们的体验之中。

到达以太世界的顶峰就是一个非凡的探险旅程的辉煌结束。在这个精神成熟的水平上，灵魂已汇集它所学所聚之大成，业已就绪，只待进入天堂了。为了纪念这一伟大的成就，并赋予灵魂它为未来所需的力量，灵魂要经历神秘的联姻。

各种宗教和精神传统将神秘的联姻解释为与上帝和神圣的结合，与基督的结合，与人性的各个方面的结合，或与灵魂伴侣的结合。这些解释都很好，但就灵魂向天堂进化而言，神秘的联姻意味着神圣精神与人类灵魂的结合。许多人在本质上，把精神和灵魂等同，但形而上学则对这两者做了区分。

你们都是一个不朽的灵魂。是你们的灵魂一直在经历我们仍然探索不止的进化过程。神圣精神则有所不同；它是你们已经处于完美状态，自始至终一直引导灵魂的那一部分。我们听到人们说一个人的精神有多么强大，或是说他是多么的高尚。我们真正想说的是，这个人已经学会了如何让它的灵魂随精神一起工作，以增强灵魂的力量，并消除它的缺陷。随着你的灵魂的成长，你正在学习属于"精神的一部分"。

虽然神圣精神一直与你们同在，但在你们准备就绪，要进入天堂诸世界之前，它并不会成为你们的一部分。到了神秘的联姻，就是灵魂与神圣精神结合之时，灵魂作为一个天堂的公民进入天堂，精神和灵魂便可携手合作了。

插图 9.3：神秘的联姻

在这个场景中，入门者正在经历精神和灵魂结合的仪式。仪式在户外一个风景优美，寂静神圣的地方举行。这个女人被围在在一圈天使的中间。每个人都穿着庄重的长袍。主持仪式的是一个不可想象的辉煌存有：智慧之光之主。智慧之光之主以神圣的力量祝福这个女人。在女人的上方，一个以太的形体从她的头顶之上下垂。这是她的神圣精神。它已经有了可以辨识的形态。那在圣光中闪耀的就是，其能量如此之大，你们几乎只能看到白光。有了这种结合，受膏的灵魂就准备好进入天堂的诸领域了。

插图 9.3：神秘的联姻

第十章　　天堂的荣耀

起来，去发光吧！因为你的亮光已经来到，主的荣耀已经照耀着你了。

——《圣经》以赛亚书 60:1

在我进入形而上学的教学生涯的当初，是个激动振奋的一个时段。之前多年来接受的精神培训，建立的超觉天赋的技能和知识，都在为之准备，现在我已经就绪，要帮助别人的进化了。那是在 20 世纪 70 年代初。虽然形而上学领域的大门敞开，但精神教师却并不多。我的超觉天赋对辉光的研究使得我渐渐被人所闻。人们一知道我能看到辉光场，就产生了兴趣。随后，我很快就开办了大量的讲座和工作坊，并亲手做精神疗愈与辉光解读。我还设立了长期的，每周一次的形而上学培训课程。这让学生们可以更深入地钻研课程。我在那些时候结交了一些很好的人，并成为了终生好友。

在那段时间里，我有了一次天堂的经历，改变了我的生活。在前往内在诸层次的旅行中，我们到了一个国度，它被称为光国，我发现自己和一个大天使在一个参天的天堂松树林中。一种杏色的以太光弥漫在气氛中。高大的松树充满活力，松针茂盛，种类繁多，而都是我不曾见过的。松树散发的是我所闻到的最甜蜜的气味。当我们一道穿过森林时，我感应到树木的精神实体。他们也意识到我们在此——尤其是大天使在此——并以他们自己的方式交流。不知何故，在意识中，我也可以以他们所理解的方式与他们交流。这种与自然的如此亲密的经历对我来说是从未有过的首次。

在森林的一些地方，圣光是如此强烈，我几乎无法分辨出树和光。然后大天使把我领到森林里的一片空地上。祂示意我抬头看。当我把注意力转向上时，我看见光彩夺目的精神之光，就像一片悬在空中的光的海洋，五彩缤纷。最初，我想这可能是云朵所集聚的云团，形状很奇异，但它又不像云一样移动。大天使告诉我，这是神的意识集合，由天使所造，是他们输送圣光赐福自然的方式。

接下来我知道的是，圣光从天上的光海中往下落雨滴！它们不只落到我的衣服上和皮肤上；还渗入到我的体内。这雨滴令人脑清目明，精神振奋。我四周的自然各处都乐不可支地吸收这光。当我们继续在这天堂之雨中行走，我感到越来越往高处行了。最后，光雨停了，我们来到一座宏伟的圣殿的地面——华丽、优雅，散发着粉红色的光芒。

我被带进了一间漂亮的祈祷室。在这个房间里还有其他非凡的天堂存有们。这些天界的存有们谈起我当时所接受过的精神学说的培训。他们的领导者开始向我展示我的使命就是帮助把这些学说传播给他人，以及怎样去做。此前伊内兹已经为我准备好参加了进行一次公开的巡回演讲。现在，圣者们更是充分地向我展示了这些学说是如何起源于光国，以及它们的目的是帮助灵魂升入天堂。这位天堂存有说，被培养做这项工作的人并非只有我一个。

然后他们给我看了一本圣书，里面有不计其数的名字，他们已经准备好开始他们向光国的旅途。这些是他们的天堂名字，是以天堂的语言写下的。需要许多轮回转世的精神成长，才能达到这个目标，然而，此时正是他们每个人开始这个旅程的时机。神明说，即使是那些名字还未入册的人，最

终也会开始旅程，因为所有的灵魂都注定要去天堂。我开始
在更大的格局上了解这个神圣的伟业了。对人类有一个宏伟
的计划——对文明的精神真理的新启示，作为文明的自然成
长和进化的一部分——为了我们更大的福祉，神明正在努力
工作。这一切都很令人兴奋，但我想知道我能做些什么。圣
者们说他们会引导我。他们给了我信心，我会在他们的帮助
下尽我的职责。我得到了祝福，并告诉他们我已准备好尽职
效忠。

　　在这一章中，我们将探索进入天堂的壮丽之旅。一旦一
个灵魂成为了天堂的公民，又该怎么办呢？精神朝圣完成了
吗？你们在地球尘世中的凡胎肉身被解脱了吗？你看到上帝
了吗？神秘主义者海伦娜·布拉瓦茨基被问及到，当灵魂达
到这样的精神高度形态时会发生什么。她回答说："你们从
完美成长到完美。"生活不是静态的；它是动态的和有表现
力的。虽然天堂很美妙，但它并非你们的精神之旅的终点，
因为它还不是你们的最终目的地。到达天堂是一个巨大的成
就；这意味着你已经达到了一种完美的状态。然而，你们的
人类潜能还未得到充分的发挥。那个状态的完美是由你们挣
得的精神力量积累而成的，你们将在此基础上继续努力。你
们现在将通过天堂来完善作为人类的灵魂的你们自己。所以
你们不仅成长到天堂；你们还要通过天堂继续成长！你们的
成长要通过七层天堂。

你们可能会说，"太棒了！但这听起来太遥远了。天堂和我在这里的生活有什么关系呢？"

关系还真不少呢。

正如我们一直在探索的那样，天堂不仅仅是外在某个地方。天堂也是你们的内在。你们日复一日地参与并受盛于天堂诸世界。他们也长此以往在维持和启迪你们。其目的是与原本已是你们的那一部分建立更直接的联系。你们的回回的祈祷冥想；回回的先人后己；次次的乐善好施，厚施薄望；次次的助人为乐，不计回报；你们总是以精神生活为重。每当此时，你们都在参与天堂的振动。你们的尘世生活并非与你们的精神生活无关；它是精神生活的固有部分，并且为你们追寻的神圣目标提供所有机会。的确，你们是以自己的生活方式，把天堂带到地球的尘世。

当你们第一次毕业进阶天堂时，会有不少庆祝活动。这是一段适应天堂的振动的时光，有许多的欢乐和奇遇。你们会遇到别的天堂的灵魂们——有些是像你们一样的新来乍到者——另一些已长久扎根在此，是本地居民了。你们的人际关系有了新颖的多维度表达。你们会体会到爱的蕴含竟有如此之多，爱是如何把宇宙维持成为一体的，以及所有的精神世界的行星是怎样专注于爱的工作的。文化、艺术、音乐、科学、哲学、宗教和政府在天堂世界中都有，但其存在方式却前所未闻。

天堂是拥有圣光和精神力量的地方。上帝的临在，上帝的心智，和精神之爱心无处不在。美德和圣洁是存在的自然状态。天堂诸世界是原型的领域，神圣的概念先要在此形成，然后才在地球被具体化。天堂是精神管理层的总部。这就是我们获取引导，圣光和灵感的来源。在天堂诸世界里，表达的创意无以伦比。你们的才能和技能都达到了新的高度。智慧高到令人难以置信。现在你们已经唤醒了你们的精神力量，是充分利用和表达它们的时候了。

每一层天堂世界都是一个机会，在新层次上展现对上帝的觉知。你们步入了对生命真正意义更深入的理解——对你们不朽的灵魂有了更全面的理解。你们与圣者们相处而知之更甚，与其在共创过程中的合作也愈加密切。你们融入并参与神圣计划之中。然而，即使在这里，在整个宏伟事业之中，也会有个人的挑战和考验，有时也会有失足。即使是在天堂，上升的路线也并非直线一条。

在天堂里，万物的形体之大前所未见。自然和生命都光彩夺目而又各具特色。每层天堂世界都有自己的一套法则，但均从属于同一的宇宙法则。认识到生命的法则涵盖之广，以及大自然的活跃之至，真是令人震撼。你们可以直接感应到周围自然的内在本质，包括鲜花和树木，并与之交流。从某种意义上说，内在的生命成为了外在的生命。

你们有一个天堂体，它由你们所处的天堂物质所组成。这种天堂的形态是超凡的。正如圣保罗所说：

有自然的身体，有精神身体……我们生来便是尘土所捏之人的形象，也一直带着天堂之人的形象。[1]

在你们的天堂体里，你们的灵魂找到了非比以往的表达方式。就像一个小提琴家用顶级的斯特拉迪瓦里小提琴，演奏最悠扬的音乐。你们的身体有一个向外展开的辉光场，它虽然有外形，但因它的辐射品质，通常被称为"纯光体"。你们在天堂的眼睛看得到在物质生命中不存在的神圣的颜色。你们在天堂的耳朵能听到只有在天堂才能听到的音调和和声。你们喝的是天堂的饮料。你们受用的是天堂的慷慨馈赠和美味佳肴。

有一些对天堂的描述把我们的神圣本质勾勒成一幅庄严肃穆的形象。然而，真相是，你们有多种多样的情感和心智的表达方式。你们依然是人类，所以你们还是保有一个"正常"的人类情感范围。自由意志照常起重要的作用，你们少不了会犯错误。当然，你们的情感范围具有真正的天堂本质。你们的天堂体是适应这种更优异的心智和情感生活的。

你们体验过天堂里的上帝吗？上帝无处不在，你们在上升的过程中已经体验了内在的上帝。在天堂里，这种体验被大大加深了。诸层天堂本身就是上帝的国度直接创造的，因此，关于他们的一切都是神圣的造物主所言。然而，尽管这些经历气势恢弘，但它们与站在上帝荣耀面前的实际经历还

---

[1] 哥林多前书 15:35-49

是不可相提并论。那是专为你们最终上升到上帝的国度而储备的。当你们在体验七层天堂的奇迹时，总有一些东西催促你们进取向上，要抵达你们初来的源头。

七层天堂的完美

到达天堂意味着你们已经达到了某种完美的状态。然而，这并不是精神道路的尽头。灵魂的进化要历经七层天堂。你们的灵魂每通过一层进化，它的潜力会展现得愈多。因为有七层天堂，也就有所谓的七层完美，它们是通过这些天堂领域在你们的进化中发展的。当你们完善了这些神圣的属性时，你们就真正圆满地展现了你们神圣的自我。

你们可能会想知道，为什么在走了这么远，到了天堂，已明心开悟，这么多的精神潜力都得已展现，这还不够！还有什么要完成的呢？

在我们的进化过程要通过星光世界和行星际世界以及我们在尘世的许多轮回转世，灵魂一直在多方面学习和发展，以达到完美的阶段，从而赢得通往天堂的道路。但这种完美在理解上并非完整。智慧需要经过七个步骤的尽善尽美的过程才能挣得。当我们登上天堂的领域时，我们将回顾这些人生的教训（会同许多新的经历），之前无法想象的方式来丰富灵魂的理解和智慧。海伦娜·布拉瓦茨基曾谈到，智慧的钥匙要转动七次，方可真正理解和体现这个真理。

每一层天堂的完美均与一个特定的天堂世界有关。逐层递增，如此以来你们在进化的过程中得以积累这些完美。这些品质对尘世生活也并非不熟悉。即使是现在，我们都在一定程度上表达了它们。七层完美和它们相关的天堂国度是：

永恒的自我的完美——精神以太亚

永恒生命的完美——光的国度

创造精神的完美——创造的国度

圣洁的完美——众神的国度

服事的完美——内在之光的国度

无限精神的完美——精神之光的国度

谦恭的完美——上帝七灵的国度

有神圣之爱和神圣心智的辉光笼罩着你们，你们无需到达天堂就能开始体现这些精神品质。通过全力以赴地表达这些属性，你们就是在为未来的荣耀做准备。

进入天堂后的肉身轮回

当灵魂到达天堂时，它在尘世中的肉身的轮回转世完结了吗？印度教的传统将转世周期的完成描述为"摆脱必然之轮"。灵魂投入肉身以体验生命－去学习并在精神上的成长。它在尘世间的生生世世就像在学校里的各年级一样。所以，真正要问的问题是："当灵魂进化到天堂时，它是否已经完成了它在地球上尘间的精神教育了吗？"答案是：至此还没有。地球还有更多的东西要教给灵魂！当一个灵魂到达天堂时，它已经唤醒了它的精神力量和才能。它的精神之眼睛睁开了。此时，灵魂可以展开它的精神翅膀，最大限度地体验地球上的生命。灵魂的工作是现在把它辛苦挣来的才能带到新的高度来表达。

在天堂里，一个新的肉身轮回周期开始了。这些都被称为在天堂的肉身轮回。你们在地球尘世的天堂表达含盖了你们在肉体形式中拥有的最令人兴奋、最神秘、最圆满的诸世生命轮回。你们能更深入地理解尘世，并做出你们最睿哲的贡献。人类最伟大的思想家、音乐家、艺术家、领袖、神学家、科学家、哲学家、形而上学家和发明家都出自天堂，并从那儿带来了服务于更大的福祉的力量。有些天堂的肉身高贵显赫，而另一些则是谦恭居下，也许寂寂无名。这便开启了意识对人类状态，在慈悲和认识上的一些最深刻的表达。

天堂的灵魂，直到第三层天堂－创造的国度为止，都有肉身在地球尘世上。当你们进化到三层天堂时，你们作为人类的灵魂，在地球尘世的学业已经完毕。已有不计其数的灵魂通过了这些门槛。在这个点上，灵魂已经获得了属于自己的"摆脱必然之轮"之路，并准备好要登上更高层的天堂了。

精神以太亚——第一层天堂

第一层天堂是一个被称为精神以太亚的神秘领域。这个地方的美丽和荣耀真难以形容。一种缥缈的以太蓝光弥漫在这个领域，这可能是它名字的来由。这里有旖旎的田园风光和能量强大，博物通达的圣殿。在精神以太亚没有黑暗。一切都充满了光明和爱。这里有美妙的天堂音乐—真正的"多种天体的音乐"。你们会从经验中感觉到一种非凡的自由和创意的表达。

当一个灵魂初入精神以太亚成为公民时，会有庆祝活动举行。你们会和其他天堂的灵魂相遇；以从未有过的交流方式相识，并发展友谊。天堂的美妙之处还在于，你们和你们的灵魂伴侣是一道进入精神以太亚的！你们被安排在精神航行中同行，携手通过天堂行星系统。天堂的宏伟壮观令你们叹为观止。

经过一段时间的享受、游历和放松后，天使们便与你们见面，讨论接下来的事。他们讨论你们在进入天堂后，未来在地球上的肉身轮回。你们看到了神圣的计划和你们未来通过这些天堂的整个过程中的所有肉身轮回，以及你们有多少事要去完成。如果你们在科学或艺术方面有天赋，你们可以把这些天资培养到爱因斯坦或莫扎特的水平。然而，并非你们的每次转世都大有作为。在进入天堂后的许多肉身轮回中，你们会沉寂于工作，默默无闻地为神圣计划服务，有时在意识上还并未觉知到你们是天堂世界的一部分。天使会以视觉异像向你们展示人类的走向，便于你们更好地理解你们的肉身将要投入的世界，以及你们怎样才能做出最好的贡献。

你们开始上升到第一层天堂是通过努力进取达到第一层天堂的永恒的完美，即永恒自我的完美。这让你们更深刻地体验到自己是不朽的生命。在肉身轮回的过程中，这个真理被伪装起来了。尘世的生活终有一死：你们从出生，到过日子，终了于死亡。然而，这并不是永恒的你们。你们的一部分从未出生过，也永远不会死去，这就是你们不朽的灵魂。

作为建立这种完美的一部分，圣者们向你们展示了一些与你们进化有关的阿卡西记录。让我们停一下，了解一下什么是阿卡西语记录。阿卡西 akasha 这个词来自梵语中的"开放的空间"，常作为以太的同义词使用。这个概念是，宇宙中弥漫着一种原始物质，万物都是由这种物质组成的。形而上学称这种原始物质为精神实质 spirit-substance 或又名阿卡-沙 aka-sha。你们身体的原子，所有自然界的，行星和恒星的原子，都是由这种原始物质组成的。当你们表达一个想法、行动、情感或话语时，你们就会在阿卡莎上形成印象，留下某种记录。所以，你们所做的一切都被记录在生命的织构中！

这些精神印象可以像一部电影一样被观看或回放。我们之前探索过的《生命之书》就是阿卡西记录的一部分。故而，阿卡西记录的所含更多。你们整个进化过程的记录都被收纳其中，甚至包括早在你们到地球尘世有肉身轮回之前，更为原始的状态。这就解释了为什么，与普遍的理解相反，在地球尘世上没有谁得见阿卡西记录。你们只有成为天堂的公民时才能看到他们。

　　一旦进入天堂，圣者们就会向你们展示你们精神朝圣遍及的整个范围。即使在你们最初的那些原始阶段，你们也能看到你们自己灵魂的印记、品性！你们会认出和看到在进化的各个阶段中的自己。你们会意识到经历所有这一切的是同一个不朽的灵魂。你们会以多种新的方式理解，作为一个不朽的存有，要历经许多次生命周期而进化的意义在哪里。

　　精神以太亚是一个原型世界。正如星光第四层是个中转库存区，放置着许多将要被物化到地球的发明，精神以太亚也是一种中转库存区，放置的是来自更高层的天堂和上帝国度的天堂设计。完美的神圣计划就是在这一层天堂里制定的。许多神圣的光和灵感都是从精神以太亚流入我们下界尘世间。实际上，我们每天都得到上天的馈赠。

　　在精神以太亚，当你们的进化到高阶时，你们在天堂的开悟便会出现。因为每一层天堂都是一个机会，来展现七层完美中的一个，每层天堂也就是深化你们开悟的一个时机。当你们的进化通过了第一层天堂到达其顶峰时，你们对精神以太亚的力量就运用自如了，新的天赋和能力便逐渐显露，你们流淌的爱也增加了。最美好的是，你们获得了对上帝更深刻的理解和体验。你们在精神以太亚一旦达到了的开悟，就要毕业升级到第二层天堂——光的国度了。

　　尘世间的生活得益于所有层次的天堂，但精神以太类亚与地球上的生活联系最为紧密。理顺你们的生活，使之与这个伟大的领域相应合。在我们在走向生命源泉的旅程中，我们向往的意识领域就是精神以太亚。

插图10.1：进入精神以太亚

这个场景描绘了胜利者进入精神以太亚的过程。这个地方是一个天堂城市，特意为天堂的那些新来者们所造。这里的建筑风格林林总总，包括地球上文化的再现。

这两位身着黄色长袍的是一对已经毕业，进入了天堂的灵魂伴侣。进化到天堂最美秒的部分就在于你们是和你们的灵魂伴侣一道来的。在攀登精神阶梯时，如果一个灵魂比另一个灵魂爬得快，它就要等到另一个灵魂赶上来，这样他们才好并肩进入天堂——这种行为就是真爱。在这种爱的结合中感受到的是宇宙之爱，早在他们的精神朝圣初始，他们就被结成一对。但相聚于此则是经过了漫长的旅程，于是他们尽情地投入这神圣的时刻。

一群在这个国度居住的天堂灵魂前来欢迎他们，人们载歌载，兴高采烈地接待新来者。他们集聚在一个院落里，院里的玫瑰和各种花卉争奇斗艳。在院子的中央是一棵以太树。神秘主义者象征性地称之为生命之树，因为它带来了以太的、永恒的振动——精神的果实。

在这对进入天堂的伴侣的背后，是一座恢宏的建筑，类似一座欧洲那些很有气势的大教堂，它被称作灵魂的大教堂。它是由内部发出各色光线的白色条纹大理石构造的。在地球上，大教堂是代表着教会权威的所在地。在天堂里，这座大教堂不代表任何教派。它代表了灵魂的所在地——灵魂通过经验获得的智慧。

天空中有一座悬在空中的圣殿，人们正往那儿飘行。这座圣殿保佑着城市的居民，为他们提供来自精神以太亚更上层的天堂诸世界的能量，激励他们在天堂继续攀升。

插图 10.1：进入精神以太亚

光的国度——第二层天堂

每一层天堂都会带来对神圣生命的新启示。随着灵魂从精神以太亚毕业升到光的国度，一个新的世界就敞开了。光的国度比精神以太亚更为广阔。在这层天堂的世界里，一种杏色的以太光弥漫在气氛中。生活前进的节奏加快了。你们会发现自己精神气质的新涵盖面，你们的品性和才能展现得愈发多起来。生活在光的国度中和在精神以太时一样美好，但更胜一筹。你们对自然的体验，你们对精神管理层和对上帝的理解继续加深。在进化到这个发展水平上，进入天堂的灵魂继续他们在地球尘世中的肉身轮回，当这些经历接近顶点时，他们便完成了某些最大的精神跨越，因而他们的天资就会惠及到社会的各个方面。

顾名思义，圣光从天堂的起源到这一层天堂聚汇并经安排，投射到精神以太亚，从那里，再到我们生活的尘世。关于圣光到底是什么以及如何掌握这种力量，是有高深的教育课程的。在光的国度中，你们会真正来体验圣光和意识是如何携手同行的。这就以多种新的方式，来打开体验意识的这扇大门了。例如，形而上学有一个原则是：你们关注的地方就是你们所到之处。这意味着，在某一时刻，无论你们身处何方，如果你们的注意力到了别处，你们意识的一部分便与你们注意力的所在相连。例如，你们坐在家里的椅子上在阅读这本书的时，想到你们最喜欢的海滩或森林，你们的部分意识实际上便会到那个地方。

在光的国度中，这种"引导你们的意识"到你们身处以外的表现，又有了新意。例如，你们想与光之国度的某位联系，但你们的天堂形体却不能载你们去。你们可以把你们的意识导向对方，如果对方想要回应，就会把他们的意识导回来。然后你们双方可以将"意识融合"成一体，互动交流，如同你们双方真的会面一样。这是一种非常奇妙体验，它改变了你们对空间和距离的看法。你们会意识到天使和大天使为什么可以为人类做这么多，就在于他们深厚的技能底蕴，他们运用意识，甚至可以在非常遥远的地方支持你们。

在光的国度中，你们也发展了第二层天堂的完美——永恒生命的完美。就像一层面纱被揭开，你们可以看到周围的一切都是那么的生机盎然。你们会明白永恒本身的广袤，明白这万有的浩瀚。你们会学到怎样与生命永恒的脉动协调一致。你们对生命的慈悲会觉醒到空前最深刻的程度，因为不只是你们无始亦无终；众生万物皆是如此。生命本身就是既无起始,也无终了。这些经历简直令人激动到无以复加。你们对各种形式的生命的尊重有了极大的增加。在这个天堂的世界里，你们得以了解，对所有生命的源泉的更深层次的启示——万有的未知之根。作为一个不朽的灵魂，当你们在精神以太亚中经历永恒时，此刻你们体会到自己是生命海洋中的"独一无二的一滴"。

在这个神圣的国度里，你们的天堂形体比你们曾居住在精神以太亚时的，更为壮美和强大。你们在光国的形体里，你们会加深对上帝和上帝的国度的理解和觉知。如此多的时间和能量一直以来都指向天堂，以唤醒内在的精神力量和潜在的才能。现在你已经觉醒并在表达这些力量，到时间要把注意力集中在最终目标上了。自从你们开始精神攀登以来，这是你们首次得到关于上帝的国度的最清晰画面。现在你们就目光甚至投向了七层天堂之外。你们收到了视觉异象并有了触及你们灵魂最深处的理解。在此一切背后的某个地方，是对你们对自己起源的记忆和熟悉。从未经历过的，对上帝的爱被唤醒了。

在光的国度里有十二大部分。它们代表了神圣生命的十二个属性，灵魂必须体现出来才能通过第二层天堂。这些属性在地球尘世中的反映就是文明的多种文化。在我们的许多轮回转世中，我们体验和表达了所有这些文化属性，并发展了它们所体现的神圣力量。这就是为什么礼待和尊重地球上的各种文化以及属于它们的人民是如此重要。它们是神圣生命的织构组成。在第二层天堂，有着种类繁多的人类表达。在这里，你可以体验到十二种文化属性的本质，因为这是它们表达的起源。

当你们在光的国度中达到精神的成熟时，你们就获得了第二层天堂的觉悟。即此你们就准备好，要进入赢得生命的王冠的第三层天堂了。

创造的国度——第三层天堂

从这个领域投入肉身的人类灵魂在尘世间的经验已经完全成熟，并为社会做出了重大的贡献。地球上最伟大的精神教师、艺术家、科学家、发明家和政治领袖都是从创造的国度投身而来的。

顾名思义，创造的国度是一个创造力非凡之地。在这个天堂王国的气氛中弥漫着一种轻盈缥缈的多色光。地形、风景和建筑的内在都含有生命。这里有文明，但它具有了新的品质。被反映在地球的各种文化，均来自光的国度，这些美丽的文化，反映在地球尘世的各种文化中，在第三层天堂里，它们如百川灌河，汇集成一体。在创造的国度中，文化并非我们所想。第三层天堂的灵魂已经掌握了他们所代表的文化的影响和其神圣的属性，现在他们把这些力量融为一体了。虽然光的国度里灵魂有千差万别，但在创造的国度，所有灵魂都要与上帝合二为一。无论是合作，还是统一的思想，或目的都是一个，就是使你们比以往任何时候都更接近你们在光明中的兄弟姐妹。

就是在这个领域里，从上帝的国度下来婴儿的灵魂被带来，为他们即将开始的进化过程做准备。发达灵魂向上升，婴儿灵魂往下降，这种浮来暂去的景象是很美妙的。在这里，我们了解到，上帝不只是生育了属于我们自己这一波的灵魂

"生命浪潮";有在我们之前诞生过人类的生命浪潮,在我们之后,人类生命的浪潮还会继续诞生。年轻和年长的灵魂都投身于地球尘世,在神圣的计划中扮演各自的角色。没有谁比谁更好之分;各自都处在不同的进化水平上,这都取决于它开始精神朝圣的时间。它们都是同样的珍贵,在它们的辉光框架中就留有它们降生到进化过程的精神记号。在创造的国度里,这些各有不同的进化流经"分门别类"被整理出来。

在创造的国度中,有许多非凡的经历会让人拭目以待。就像在所有层次的天堂中一样,这里有一个"中心太阳"。整个宇宙中都能找到中心太阳,它们相互匹配,是形成有序和谐的宇宙体系的能量支柱。它们是生命的各个维度——精神层面和物质层面——获取支持的天体枢纽。即使是我们自己所在的物理太阳系的太阳也受到隐藏的中央太阳的支持。在物质生命中,太阳是由物理物质构成的,它发出光和热,维持物质生命。同样的法则也适用于精神领域。星光世界中,那里有一个星光太阳照射星光行星;在因果世界中,有因果太阳,如此等等。

然而,为创造的国度提供照明和滋养的太阳,其天体的组成物质却不同于第三层天堂的物质。它是由一种原始的、神圣的物质组成的,它所提供的不止是热和光。它放射出巨大的精神力量,为进化过程和许多发展中的精神活动提供动力。只是到了这个中心太阳的面前,就让人觉得好像处于创造的中心。我有幸曾到过创造的国度，看见了它的中心太阳。这个太阳与众不同。耀眼的光和能量从中流出。我可以直视这个太阳而不伤到我的眼睛，看到了它发出的天体火焰。

第三层天堂的一个关键主题就是"精神之火"。我们认为对火的利用是文明生活的最初标志之一。我们知道它对地球上的生命有多么重要。在创造的国度中，你们对火的体验则是一种新的方式。外在的火是创造性精神之火的反映——不燃烧的火。你们会意识到这创造之火存于你们的内在。然而，就像任何的火一样，它也必须要有照料。内在的创造之火可以因灰心和滥用而减弱，但永远不会熄灭。在这个领域，你们会发现创造精神的永恒脉动，就是这种精神使宇宙诞生。它亦流经整个宇宙，因为万物皆充满创造力。

在创造的国度中，你们发展了第三种完美——创造精神的完美。这种创造精神的表达有时被称为"东方三术士的礼物"。《术士》一词是波斯语，指的是拜火教祭司，他们被认为具有超自然的力量。在古代，祭司被认为是在行神迹。从形而上学的观点来看，术士的天赋指的是使某人有意识地利用神圣的力量服事上帝的实践。这些不是神迹，而是宇宙法则在高层次上运作的表现，反映了对精神的理解，它是如何在影响所有的物理和精神层面上所表达的生活。那些利用这些力量行善的人会做一些令人称奇的事情。巨大的神秘力量是在第三层天堂中得到发展的。

你们在通过第三层天堂的进化过程里，会体验到创造精神的源泉，是生命的一部分，也是你们的一部分。在你们培养这些精神之火的期间，真相、认识、智慧和爱就找到了新的表达。你们要经过测试，以确保不会犯致命的错误，将获取那些力量归功于自己个人，要使你们认识到，你们不是那些力量的源头，而是它们的载体。因为你们仍然是在地球轮回的灵魂，你们的工作就是运用这些神圣的力量，并在尘世生活中表现它们。这里强调的是保持创造性，以及表达创造力，从中获得快乐的重要性。你们正在学习利用生命内在的永恒原则，并把这些原则带入外部的表现之中。这些神秘的力量是这层天堂要经历的一部分，当你们掌握了它们，你们就获得了第三层天堂的觉悟。

创造王国的成就的顶峰是就赢得生命的王冠。这项王冠的授予不是仰仗征服土地和人民，而是凭借展现内在的生命力量。这个王冠不能靠篡夺或偷窃到手。你们要通过自己的努力、牺牲、爱和服务来赢得它。当你们赢得生命的王冠时，你们就会"摆脱必然之轮"。在经历了生命的许多领域，历经了无数的跌宕起伏，功过得失，风险和成就之后，这是漫长的朝圣之旅的最后一章了。你们现在已经完成了你们的肉体生命轮回，在地球上留下了不可磨灭的印记。生命的王冠会引导你们进入更高的诸层天堂和尚未展现的荣耀。

第十一章　　更高层的天堂和天界的实验室

一个人只有通过谦恭之门才能上升到精神的多层高度。

—— 鲁道夫·斯坦纳

　　超越首三层天堂就是四层更高的天堂以及有序和谐的苍宇。在更高层的天堂，我们体验到的创造方式会使科幻故事相形见绌。你正在踏入和谐有序的宇宙，和它众多的恒星、行星和卫星，这个系统十分壮观。你们要达到人类在物理地球上的成就的顶峰，才能取得资格进入这些领域。然而，你们仍然是人类，但处于其最高尚的表现之中。当你们愈加接近神圣的源头时，你们作为人类的经历就会出现新的方式了。

　　我不大愿意写更高的层天堂领域，担心听起来会匪夷所思。此外，在书写第三层天堂之上的领域时还有一个根本的挑战，因为，不管你们可能读到或听到什么，地球上的人类灵魂在精神上够多么发达，他们所能经历的都是有限的。我对这些领域的分享有一部分是基于我的经历，但在很大程度上是基于神的启示。唯一能接近于表达这些领域的奇观的词是，"难以置信"。

　　在我们开始探索之前，我想要问一个问题：如果取得资格到更高的天堂意味着完结地球上肉身轮回的过程，那么不属于我们美丽地球的一部分后，真实的生活又会是什么样子呢？你们沉浸在地球的经验之中已有这么漫长的时间，——做了这么多，经历了这么多。最终，你们要和你们进化之旅中的这个美丽的部分最终道别，这会是什么感觉？

　　听起来也许是用词不当，但最初的反应的确是百感交集。当你们到达更层高的天堂时，你们会为你们所取得的成就感到兴奋。然而，这里也还有一种怀旧，一种难以割舍，甚至是一种天上的愁绪。你们已不再依恋或依赖地球，但这并不意味着你们没有感情。灵魂与地球建立了一种深厚的联系，但这与依恋大不相同。你们与在更高层的天堂里的许多灵魂一样，还将继续以某种方式为地球服务，但这个过程不同于肉身轮回。完成尘世的轮回转世，进入更高层的天堂，有点像离开一个充满爱的家和童年，去找寻生活中自己的道路。你们知道你们在做正确的事情，每件都是应该做的。然而，在探索道路时，你们会体验情绪的变化和不知所措。更伟大的职业和个人生活或许就在前面，但那个生活还没有建立起来，你们就已经离开了你们所钟爱的那一部分生活了。

当你们适应你们新的天堂环境时，你们在尘世轮回便成为非凡经历的记忆——你们进化中不可磨灭的一部分，永远留在你们的心中。现在，你们要反复仔细考虑的是最终的目的地。摆脱了尘世间的肉身轮回羁绊，就没有其它要走的路了，只有一条道就是回家。你们的目标完全朝向了上帝。在旅途中再也没有起起落落了。没有回头。只有一个方向：向上！无论要付出什么，无论要经历什么考验、磨难或关口，你们的目光都会紧盯着上帝的国度。

你们在更高层的那些天堂里做什么？举其一例来说，就是你们开始参与这个规模宏大，和谐有序的宇宙进化过程了。天界实验室是精心编排宇宙各种活动的创造领域。科学会使大家认为宇宙是随机创造的，没有动机或目的，而生命是有机物质的幸运巧合。当然，有自然法则在运行，但支配这些法则的是神圣的智能。缺失了心、智力和意图，就无从表达。有想望才能去做，有意愿才能专注做到底，有创造的智力才知道怎么做好。

在更高层的天堂里，随着永恒的存在显现出来，其无可辩驳性，使创世的起源不再扑朔迷离。你们越来越多地识透万物造化，并进入永恒。你们被介绍认识天堂存有，他们是如此的庞大，你们会感觉自己仿佛置身奥林匹亚神话中的圣者们的环境中，或是处于印度万圣殿的三相神的氛围里。你们真正明白，自己是一个震古铄今的宏伟的宇宙计划的一部分。然而，在所有这些壮观中，你们并未有丝毫的微不足道之感，而是觉得自己是其中固有的一份子。

专注于上帝

在更高的天堂里，灵魂向造物主妥协了。当然，上帝一直和我们同在。精神朝圣的每一步都有上帝的参与。在达到觉悟时，灵魂唤醒了对内在上帝的体验。它的斐然成就不仅在于其本身，亦成为攀登更高精神领域的导向指南。现在，灵魂正在为体验上帝的荣耀做准备。更高的多层天堂的愉快、美丽、壮丽和辉煌，都沐浴在上帝的光辉之中，都为培养打造灵魂，使它最终站到造物主面前。

当我们进化到这个辉煌的阶段，我们体现了神圣的生命最重要的属性。上帝恒久如常，始终贯穿周而复始生生不息的过程。上帝就存在于你们最亲密的思想和情感中。上帝总是看到你们的最高和最好的自我，因为你们是永恒的灵魂。你们越与上帝相应和，你们就越觉得自己靠近神的本性。这并非傲慢自尊，而是你们觉得自己真正像神圣父母的儿女了。在更高层的天堂里，你们周围的万物众生人都沉浸在同样神圣的光辉之中。当你们参与天界的进程，你们就会明白这是对你们的训练，造就你们成其为共创者。

盘点一下你们自己对上帝的理解和态度。对于一个如此重要的话题，在历史上关于上帝是谁和是什么的观点颇多。在一些精神传统中，上帝被视为唯一的存在：一个包罗万象的存在，是一切的源泉。然而，也有多神论的传统，你有你的神，我有我的神。在一些传统中，上帝是最终的原则，最终的现实。另一些人在描述上则把上帝拟人化，就像坐在宝座上的睿智的父亲或母亲。人类用语言给上帝冠以许多名字，但描述的都不是人类或是无以言表。也有通过上帝在人类的崇高化身，如耶稣和克里希纳这样的人物来崇拜上帝的。甚至有一个传统，把上帝是什么描述成，并非通过努力就可以理解的。有人说上帝是不可知的，上帝遥不可及，超出我们的理解力，只能信仰。

我们可以研究由上帝照亮的灵魂，以及各种精神传统所给予的启示，以此作为指导来深刻理解。虽然有些人能够激励、教导和指导你们，但却没有人能向你们揭示上帝，因为上帝不是一个辩论点或智力论述。在试图理解这个所有原则的原则时，你们必须使用你们的理性、智力和你们的判断力。同样重要的是，你们必须运用你们的内心、直觉和你们内在的神圣感知。神秘的生活在被看见和体验到之前，需要赋予它实质 substance，这就是不可动摇的信念和信仰。然而，信念需要有理由才可阻止迷信。

说到底，我们每个人都必须自己给上帝下定义，我们知道，随着我们的理解和经验在不断增长，我们的定义也在发展中改变。如果上帝是我们将要拥有的最亲密的体验，我们就要运用前人的智慧，以及我们自己与生俱来的感知，指导我们获取启迪和认识。

当我们对神圣智力敞开我们的心智，我们的心扉朝向无限的爱，我们便开始理解上帝。上帝不会像一个严厉的父母那样"告诉你们该做什么"。上帝向你们揭示、激励你们和给你们力量去理解生活。对精神原则的最终理解不是靠说教；它们必须要经历。如果你们仅按他人说的照做，则收效甚微。因为你们自己并未领会。

要想真正体验上帝，你们必须与上帝保持一致。这是一种互信关系。有些人想弄明白为什么上帝似乎并未回应他们的祈祷或是允许坏事发生。上帝听得到每一个真诚的祷告，并不断地在为我们的利益工作。然而，上帝必须为我们留下成长的空间。上帝不会代为我们生长；我们必须亲力亲为。

上帝还要允许我们犯错误，有时是犯大错误，因为这是灵魂成长的方式。

印度诗人卡比尔在谈到上帝时说：

要了解你是多么难，要爱上你又多么容易。我们只顾争论不休，　事情虽被看到，却从身边掠过。我们想要证明它，但却把它杀死在心智的实验室里，可在我们灵魂的圣坛上，它仍然永远安住。[1]

有时我们并不想接受上帝。我们认为我们可以自己解决一切问题。我们的自我可以拒绝造物主的亲近、爱和无限的智能。总有一天，生活会告诉我们，我们不可能超越我们的命运。在一段时间里，我们可以与生命之流逆向而行，但最终我们都会游往同一个神圣的源头。

正如《博伽梵歌》所教导的那样：

你是永恒、不可毁、必须知晓的。你是这个宇宙的最高的庇护者。你守护着真理和觉醒之路，始终不变。你是我认识的恒古存在。造就天地四方，独尊时空环宇。[2]

众神的国度——第四层天堂
（勿与上帝的国度相混淆）

---

[1] Jn or In K:30

[2] 《博伽梵歌》第二章，第 118,20 诗节。

　　进入众神的国度开启了人类灵魂在生命进化中的新篇章。众神的国度一直都被说成是上帝本尊的国度的外庭。照管这个领域的存有在管理层中十分荣耀，他们对自己本身的感觉就是神。在精神领域里，这些神圣的存有被称为提婆devas。

　　天堂存有词素来被用来指天使和其他神圣的存有，但提婆却是自成一体的层级。就像所有的层次结构一样，它们具有各自不同的发展层次[3]。从我们的角度来看，他们似乎有某种冷静客观,不受感情影响的品质，而你们被吸引到的就是他们的力量、慈悲心和智能。这些"天堂存有"都是辉煌的摄政管理者。

　　在到达第四层天堂时，你们已经获得了生命的王冠，并从地球毕业，不再投入肉身了。现在，要揭示的是新的创造奇迹。圣殿依然存在，比以往更加宏伟。在这非凡之地，你们与其他升到此地人类灵魂的交往日益加深。你们分享经验，发展新的友谊纽带。你们花宝贵的时间和你们的灵魂伴侣在一起，并继续发展你的才能和技能。

　　在这里，你们真正地要开始参与天界造物实验室了。这是从理解有机形式的多个精神维度开始。你们会见证有机形式是怎样先进入精神表达，然后再穿上物理的外衣的。这些

---

[3] 乔弗里·霍德森的《众神的王国》一书中有一些基于霍德森的神秘感觉官能所观察到的提婆的美丽插图。

形式不仅适合你们和我，也适合在这个领域范围内的每一种生物。你们会发现有机体的遗传密码在成为有机体的一部分之前很早就是一个精神蓝图。你们会更详细地学到肉体是如何表达精神的，以及肉体的各个部分的特定精神属性。就我

在这层神圣的天堂的经历而言，我目睹了伟大的提婆们在从事有机形式的精神原型的研究。实际上，你们在学习的是神圣的生物学。

这些原型形式是根据意识水平和进化状态来组织的。例如，虽然人类与动物在肉体上有许多共同的品质，但它们在精神上与动物所处的国度完全不同。人类灵魂在其形式设计是不同于动物灵魂的。[4] 众进化国度都有这一分界线，作为其所属部分，第四层天堂是人类和各个自然国度的能量协调发生地。我们看到了各物种是如何在集体层面有一致的表达：鸟类成群迁移，鱼类分类集聚，人类同有某些人类特有的集体活动。虽然本能在这些活动中起作用，但远不至此。存在于天界的协调才是根本的，自然界任何国度中在进化中的生命都是靠它的支持。

你们在这层天堂世界经历中有个美妙的部分，就是你们所做的工作，它是为要到地球转世的灵魂做准备。虽说你们已经从地球毕业了，不再有肉体的轮回，你们还在帮助那些

---

[4] 从形而上学的角度对自然王国的详细描述，请参阅我们的著作，《与上帝交流》。

未摆脱轮回束缚的灵魂。妊娠过程所涉及的不仅是肉体，一旦肉体受孕发生后，还要给将要入住的肉体的灵魂做精神上的准备。你们所参与的工作就在那个过程。

在众神的国度中你们发展了第四层天堂的完美——圣洁的完美。这是什么意思呢？字典中圣洁(holy)的定义是源自"全部的(whole)"一词，意思是"奉献或献身给上帝或宗教目的；神圣的"(sacred)。当重要的事或人是圣洁的时候，我们就会尊崇它。在这层天堂，我们会逐渐体现一个真理——生命的固有性质就是圣洁。在这里，你们被应许看到视觉异象了，这让你们得以直接体验到生命的神圣。

从形而上学的角度来看，圣洁指的是腐败不了。这就是说，生命在定义上，不仅是圣洁的，而且只能如此而非其它。无论我们做什么，生命都不可能被玷污、堕落或腐败。生命只能是生命——永恒的、周而复始生生不息的、纯洁的、神圣的。然而，我们可能会问，"为什么在这个世界上会有堕落？"有些人作恶多端。他们腐化自己，也殃及其周围的人。我们谈的是堕落和邪恶的灵魂。在此我们所用措辞必须是审慎的。当然，人们可能做一些可怕的事情。而滥用就招致其辉光的能量受到污染和破坏。但这些堕落是我们自己的行为和态度的结果；它们并不是我们自己的本质。一个形而上学的伟大奥秘之一就是，无论灵魂做什么，它的本质依然纯净。但我们却体验不到，原因在于，我们用自己造成的重量和负担掩盖了我们对生命的圣洁性的理解。如果我们不珍视生命，我们迟早有可能朝破坏性的道上走。

我们在拓宽创造性时，我们的一部分工作就是努力以我们的创造反映出生命的圣洁。我们净化不洁，使其纯净。我们要成为圣洁，在我们的创造中表达反映生命的神圣性。我们称天使和大天使是圣者们 Holy Ones。这不仅仅是因为他们处于比我们更高的精神国度；也是因为他们的服务所具有的神性，以及他们是如何在反映生命的神性。在我们的进化过程中，我们在不同的时期会是圣人和罪人，因为我们在学习，试验，成长，失足然后重返正路。因而对待生命，我们必需要有敬畏，即使我们周围的人不以为然，我们也要奉行不悖。

当你们通过第四层天堂到达其顶峰时，你们已经义无反顾将自己奉献给了上帝。你们所做的事无巨细，都有其内在的价值。你们已准备就绪，要更坚定不移地服事上帝，当你们进化到第五层天堂世界时，你们将会得到这个机会。

内在之光的国度——第五层天堂

当灵魂进入内在之光的国度时，它进入了一个难以描述的进化阶段。生命进入了一个更加辉煌和优雅的神圣之处。你们会与更加伟岸巨大的天堂存有合作并参与精神过程的交互。

在第五层天堂，你们将体验行星过程在精神和物理领域，是如何开始的。行星的精神定义是进化的场地。它们是划定用于精神成长的专用空间区域。你们会惊讶到，宇宙是多么的生机盎然，以及对于行星的工作量有多大。行星的诞生，进化的成长阶段，以及最终在其精神周期终结时的死亡都是由天堂存有来指导的。行星各有其的神圣属性、专长和目的。有一些精神行星完全致力于爱、创造性、智能，等等。当你们造访这些行星系统时，它们的宏伟简直让你们无言以对。

更为令人震惊的是，建立和管理着这些系统的是天堂智能。你们现在会遇到所谓的"行星神灵"，他们的工作是协调各个不同的进化流，使其共同运作。这些存有的辉光都可以具体表现出某一整个星球。你们还会意识到几乎让人无法理解之事，这就是，我们所在的行星地球有它自己的充满爱心的行星精神来引导它。你们可以说，这个行星神灵看管着所有与地球相连的进化国度，从微生物到植物、动物、人类，再到天使、大天使和其他伟大的天堂存有们，协调这些国度，使其共同运作。我们大家在生命链中都是联动的，因为我们都在神圣的计划的集体中扮演某个角色。这种互动协同是在内在之光的国度里来管理的。

通过所有这些经历和启示，使你们对自己的才能和创造力获得了更多的信心，因为你们对宇宙中有多少创造力有了更加深刻的了解。

在这层天堂里，你们发展第五层天堂的完美——服务的完美。地球上的捐赠和慈善工作在精神上得到了第五层天堂的大量启迪和强力支持。服务的完美是"给予的法则"。精神的本质就是给予。肉体的生命完全依赖于精神的生命而生存。精神给予；肉体取得。你们体验到这种精神的给予是所有生命中所固有的，但对所有人而言，表达无私的服务却不可一概而论，因为有自由意志存在。一个人必须是出于爱而选择去付出，而非因强迫或压制而行。大天使路西法的故事说的是他堕落成为撒旦，是因为他拒绝服事上帝，而想自立为神。这个故事揭示了，无论你们的精神发展到什么程度，你们都不能忽视做服务。

当你们攀登到第五层天堂的顶峰时，你们生来注定要成为的神圣存有的许多方面业已具备。你们与无限的生命相应和，并沉浸在神圣的当下之中。当你们为第六层天堂做好准备时，你们将以更美丽和伟大的方式，继续你们一直在做的工作。

精神之光的国度——第六层天堂

当灵魂升到第六层天堂时，精神的荣耀唤起了新的启示。具备了五层天堂的完美，你们对自己所能做的事情越发自信。在这个领域里，你们与天使和大天使之间的共事更加深化了。他们的支持一向如此，不可或缺。如果没有他们坚定不移的帮助，你们是不可能达到这一步的。你们对精神管理层的了解逐渐增加，它们表现的奇妙和神秘之处也随之更多。你们和同为人类的旅伴之间的关系更加成熟。人类的经历持续不断，美好而壮丽，让你们惊叹不已。

在这层天堂里，爱的力量成为了一个高于一切的主题。你们比以往任何时候都更能认识到，爱的多样性是无止境的，它是创造的驱动力。爱就是生命本身，在这里，你们比以往任何时候都更享受生活。你们对下一次精神探险更是迫不及待。

现在你们要深入探究天体实验室的更为宏观的方方面面。你们会知道精神和物质的众多的太阳是如何被创造出来的。在这些太阳的后面是伟大的中央太阳。这些太阳发射出巨大的精神能量。在天使和大天使的支持下，你们与天堂存有们共事，他们是如此的威严，其身躯简直是顶天立地，高大得不可思议。这些伟大存有们被称为太阳系逻各斯——他们是各自太阳系的摄政管理者！主管各行星的神灵也要接受所在太阳系的逻各斯指示。通过太阳系逻各斯的综合协调努力，太阳、恒星、行星和卫星在物理和精神层面上其能量和节奏都是相互关联的。在各太阳系中茁壮成长的无数进化生命的国度都会得到来自所在太阳系的逻各斯的爱和支持。第六层天堂在帮助协调这许多领域之间的相互作用。

这层天堂的名字——精神之光的国度——指的是太阳系逻各斯所体现的力量和神秘。他们的精神之光，有时被称为以罗欣 Elohim，激发创造的驱动力。神秘主义者和具有超觉天赋的杰弗里·霍德森完美地表达了这些存有的威严：

> 太阳系的逻各斯在他的整个太阳系中都是无所不在和无所不知的……逻各斯是不可估量的力量、智慧、爱、美、秩序、荣耀、知识……太阳是他物理表现的首脑，而整个可见的太阳系都是他的物理身体……太阳系的逻各斯也是无以伦比的……执掌着他的系统……这个至高无上的存在被称为最威严的和至高无上的生命之主，生命和荣耀之主……不朽的内在世界统治者。[5]

在这层天堂里，你们发展了无限精神的完美。精神的神秘在这儿被揭示出来。至此，你们已经体验了精神与灵魂的深切联系，精神与灵魂的神秘联姻，把你们引入天堂诸世界。现在，对精神生命的更深层次的理解浮现出来，它也包括你们人类的意识是如何成为精神本身的一个方面。当你们从上帝那里诞生时，你们不朽的灵魂便穿上了人类的意识的外衣。在你们的整个进化过程中，你们都将是人类，但你们的人类经历确实有一个开始、中途和终结。你们的灵魂则永远活着，你们的灵魂也并非永远处在人类的意识中。有一天，你们的人类的经历将结束，你们就将进入一个更高的意

---

[5] 基本的神智学：《活着的智慧》，第 452-454 页

识状态。所以，正是在这层天堂，你们终于大功告成，从人类必经的局限性中解放出来。

七灵的国度——第七层天堂

第七层天堂督导和调节宇宙的秩序和所有各层天堂的活动，以及地球上的生命。它是通往上帝的国度的大门。关于七层天堂有很多记载，有些人把它等同于上帝的国度。尽管这个国度很宏伟，但它仍然不是家的所在。

七灵的国度最重要的活动之一就是，组织和配发那些用以引导和指示生命进化的强力精神射线。这些强大的力量被称为"生命的七条射线"。神秘主义者爱丽丝·贝利 Alice Bailey 写了很多关于这七条射线的文章。它们是进化计划的能量基础。它们流入生命显化的各个方面。七条射线通过其层级结构发光，天使和大天使所具有的强大力量亦是由此赋予。虽然这七条射线的源头高于第七层天堂，但这些神圣的力量是由这层天堂来管理的。

在第七层天堂，你们把你们所学和经历的一切整合成一体。整个力量太强大了；你们的成就硕果累累。在第七层天堂，你们还要体验到另一级精神存在——上帝宝座前的七灵。他们是这个天堂领域的摄政管理者。七灵中的每位都各代表生命的七条射线之一。当你们在进化中，穿过第七层天堂时，你们会从这七条射线中逐个获取这些神圣的力量，这是进入上帝的国度所必需的。

在这个天堂里，你们发展第七层天堂的完美——谦恭的完美。当你们上升到这层天堂的高度时，就会有感人至深的表现，证明谦恭是基石。谦恭常被误解和错认为不甚重要。然而，如果我们都是神圣的计划所必需的，怎么会有谁是不重要的呢？从精神的角度来看，谦恭意味着知道你们在宇宙的生命秩序中的位置。生命是有层级设计的，是按照意识的不同水平来安排的。变形虫和大天使都是相同的不朽生命火花，但大天使拥有发达得多的意识水平。然而，两者在神圣的计划中的位置都必不可少。

我们经常落入人格自我 ego 的陷阱。我们夸大，抑或低估我们的重要性。我们时而会目中无人，时而亦会看轻自己。当我们如此行事时，我们表达的并非是谦恭的品质，而是偏离了精神的正道。人类所犯下的第一个大错据说就是骄傲。这是当我们对自己的那些成就沾沾自喜之时，却并不明白它们从何而来。当然，我们要认可我们自己的努力，但我们需要以正确视角来看待。使所有的成功成为可能的，是存于我们内在的神圣。当我们自恃骄傲，将功劳归于自己时，我们就切断了我们自己的神圣的来源。

路上总有人走在你前面，有些人落在你后面。一如"生命所渴求"中的完美表达：

如果你总与他人攀比，你将变得虚荣和愤懑，因为总有人比你好，也有人比你糟。

在古罗马的日子里，当某位凯旋而归的将军驾着他的战车，将金冠举过头顶，游行穿过城市，欢庆胜利时，在整个行进的过程中，总有一个奴隶在他身后不断低语，"记住，你是凡人"这是在提醒英雄，所有的胜利都是转瞬即逝的。

你们的才能和成就的产生是基于你们的不懈努力，但它们不属于你们自己。它们是流经你们生命的荣耀。你们不得据为己有。如果你们将光荣归于自己，你们就切断了自己与生命之树的联系，你们的胜利将会转瞬即逝。荣耀上帝，从事关于生命的工作，生命的荣耀就流经你们。谦恭是最伟大的美德之一，因为它永远将你们与神圣的源头相连。

在第七层天堂，你们积累了需要在上帝的国度中发挥的精神能量，这些能量将用于表达共同创造的才能。你们的精神训练和你们所经历的朝圣正接近巅峰时刻。虽然你们的成就灿烂辉煌，你们在上帝面前却谦恭自知，在精神上，有一种你们从未有感受过的至深宁静萦绕着你们。你们已经准备好回家了。

第十二章　　从天堂到上帝——回家

有一道河。它的涓涓细流，使上帝之城欢喜。这城就是
至高者居住的圣所。

——《圣经》旧约--诗篇 46:4

在谈到上帝的国度——生命的源头和源泉时，我们必须谦恭地放下笔。靠一本书所的描述来了解这个国度，是远远不及的，但是，我们还是让神圣的灵感来引导我们，开始我们对回归家园的领会和认识。

尽管我们所探索的精神领域非常广阔，但它们都包含在上帝的国度之内。正如先知穆罕默德在他的夜行诸天堂 (night journey to the heavens) 的故事中所描述的，"当我凝视上帝的宝座时，祂所造化的万物都不可与之比拟了。"[1]上帝的国度是一切创造的源头。生命的所有细流，人类和万物的各层次，都从这个领域汲取他们的精神营养。

当你们进了家门，你们就到了爱的中心。你们是浪迹天涯的子女，回到父母的家中。你们发现自己所处的环境只能用君临天下，高贵典雅，和金碧辉煌来描述。这里有极受尊崇的大厅，庄严的宫殿，和诸多神圣领域。自然法则在它们的原始状态中流动，你们体验的是自然的圣所。

所有各层级欢聚一堂。有天堂的摄政者和各级管理层，他们都是上帝属下的永生阁僚。创世的最初各种原始设计作品，包括人类和人类文明的设计作品，以及总建筑师都在这里。你们处在生命的源泉，圣中之圣，创造力自此发出，圣光自此发出，精神基调自此发出，而且神圣的智能和上帝之爱也是自此发出。

---

[1] 穆罕默德的夜游，原始版本

你们居住在这个国度里所使用的载体是你们迄今拥有的最为荣耀的天堂形体。这是你们在离开上帝的国度开始朝圣之前的载体。它一直等待着你们的归来，在旅程中支持你们，无论你们的路到何方，都把你们与家相连。你们通过千辛万苦努力获取的七层完美，屡次觉悟、众多才能、与精神的结合，现在都以数不胜数的方式得到回报。你们意识到你们在精神上升中的每一步都是必须的，才使你们成为这个国度的公民。你们现在明白了为什么这个过程如此漫长，你们得遭受痛苦，并犯下许多错误。过去所有难以理解的事情现在都已明白了。你们所梦想的这一刻，现在就在你们这里。有一种内在的创造之歌是这样唱的。你们就在你们所经历过的最美丽、最充满爱的地方。

你们和你们的灵魂伴侣一同回到家——你们生命的爱。上帝把你们结成伴是为了在朝圣中你们能互相照应，不会孤单。你们在这次伟大的历险中相亲相爱，守望相助。你们同甘共苦，共渡艰险，共庆胜利。现在，朝圣之旅即将结束，你们相伴的周期也圆满完成了。你们明白与上帝的结合就意味着你们作为灵魂伴侣关系的结束。即便到了这儿，还是会有一丝悲伤，因为你们知道还有其他的经历，其他的灵魂，和其他的历险要继续。你们注定要去体验与其他同行们的情谊和关系。当然，你们对彼此的爱将永远存在，但这个结合周期已经完结了。你们在经历一种告别的同时，也在为最终的荣耀做准备。

与上帝的团聚

一旦适应了这个神圣的地方，你们就准备要去朝见上帝的伟大时刻。天使和大天使与你们同行，给予你们支持。首先，你们被领进被称为上帝的宝座殿的地方。这是一个术语，指的是一个你们可以直接与神明接触的划定的空间区域——一个上帝的一部分可以降临到你们身上的地方。据说宝座的颜色是一种美丽的宝石绿，表示平衡与和谐。这宝座就像一个轮子的轮毂；我们一直以来所接受的一切圣光都来自上帝的宝座。

你们和其他许多来者一起进入了宝座的外圣殿，他们都是你们这一波生命浪潮的一部分，都和你们一样达到了终极状态。现在你们又一起回来共享荣耀了。他们是你们在光明中的兄弟姐妹。在这个宝座的外圣殿，在祷告、敬拜和吟唱的是一众创世神 celestial hosts。你们也加入到吟唱之中。从这一刻起，这首歌将就永远留在你们的心中：这是上帝的歌。

当你们站在上帝的宝座前时，就是整个朝圣中所有时刻的最终时刻，所有目标的最终目标，所有高潮的最终高潮。然后，上帝的一部分降临到你们身上，你们就看到了终极。这种亲密的，与上帝的一对一的体验最初并不是感知或心智的，即使你们当时与上帝的心智在一起，而且它的灵感在流动。虽然你们并未见到或听到上帝，但你们的天堂感官却非常警觉。你们体验了上帝临在的荣耀，以及上帝和生命的存在性质。这是爱之永恒，通过爱，内在的真实意识和本质被传达给你们，而且你们也与之交流。一种与神明的新型关系诞生了，永远地镌刻在你们的灵魂上。上帝的拥抱把你们的全部包覆其内。无穷尽的奥秘被揭开了。这是你们生命中至高无上的时刻。

当你们适应了这个崇高的时刻，你们会更深入地探索并融入上帝的心智。正如上帝所描述的那样，你们体验了造物主的心智运作（在人类意识所允许的范围内）。这将导致你们对上帝有一种感觉上的体验。你们看到的是视觉的来源，听到的是听力的来源。光、声和形式融合在一起，是一个统一的整体。通过这种上帝的心智和心的融合，一个意识的秘密被显露出来。你们的精神上升是一个意识的旅程，它把你们带到了这个最终的理解。

当你们完成了无以言表的事物，你们就意识到你们从来都是上帝的一部分，但现在却以一种更加有意识和直接的方式。这种临在永远不会离开你们，即使在你们离开了宝座圣殿之后。无论你们去哪里，无论你们做什么，这个临在依然保持。你们"见到了"上帝。你们是受膏者。上帝的标志被印在你的辉光里。创造中不管你们在去哪里服事；你们已经获得了作为人类的荣耀，以上帝的形象和肖像被造出的荣耀。

此后，你们离开宝座圣殿，去尽情享受你们所经历的天堂之美。你们还要重回这个宝座圣殿，以更进一步加深你们对上帝的体验。与上帝的这次团聚完成了精神上升，回到家了。然而，你们的人类经历还远未结束。你们在天堂受了膏，你们现在是上帝一起的共同创造者。作为一个共同创造者，你们将开始一个新的服事阶段。你们将在更深刻的方面体验到上帝的心智和心，以及新维度的圣光。可能性的极限是无穷尽的。

与来自上帝国度的灵魂共事

能用超觉天赋与来自上帝国度的人类灵魂共事是一种极大的荣耀。他们对我们在此尘世间的生活起到重要作用。这些年来，和我一起工作的这些灵魂有许多。他们是长生不老的，他们已经看到了上帝的荣耀，并圆满实现了其人类的潜力。他们已经走过了我们现在正在走的精神道路，并且已经达到了我们正在努力达到的精神顶峰。他们的完美令人鼓舞，但当你们意识到，你们的精神旅程中还有多长的路要走时，又可能心生畏惧。

当我上课的时候，我能用超觉天赋看到圣者在给学生们做工作，纵然学生们在意识上对正在发生的事毫无觉察。有堂课令我难以忘却，听我课的有一个对形而上学全然不知的学生。他对学习精神生活很感兴趣，但对上帝的课题难以接受。他在成长的宗教环境中曾有过不好的经历，因而抗拒任何听来疑似宗教的事。在这堂课中，一个光彩夺目的存有走进了教室。她容貌精致姣好，身着粉蓝色的长袍，散发着非凡的、灿烂的圣光。

当我调谐到她的辉光时，我看到了上帝神圣的签名。我知道这是一个来自上帝国度的人类灵魂。她一边在给所有的学生加持，一边专注于帮助那个难以接受上帝的人。她靠近他，向其心轮发出精神之光。他并未觉察到正在发生的事。我什么也没说，但很清楚他当时对光是有感觉的。她呆了一会儿，然后优雅地离开了。这标志着这是他的一个转折点。在接下来的几个星期和几个月里，他的态度发生了转变。他开始将他过去的痛苦经历与他逐渐呈现的精神力量区别开来，并开始重新对上帝做出自己的定义。

同化吸收与伟大的重生

终极是什么？你们在上帝的国度里是上帝的共创者，其服事年代悠久得无从考证，当你们的服事完成后，上帝会引导你们回到你们作为人类灵魂出生之前的源头——存在的未知根源。这个宇宙的故事走了一圈，从起点又回到了原点。你们被重新吸入生命的海洋中安息和同化吸收，最终，再为另一个宇宙日做准备，另一次朝圣，在存在的一个更高水平上。印度教的神秘传统将这种休息时间称为坏灭Pralaya或消亡dissolution。然而，这并不是一种陷入虚无的状态的消亡。你们的灵魂——个性化的生命火花就是你们——在生命的活动中进入安息期依旧继续存在。

在坏灭的那一段看似无穷无尽的时间 eternity 里，灵魂在其中休息，补充了自己，吸收了它所经历的一切，然后，它将准备好再次诞生，重现宇宙。这是一个将重新开始的周期，但不是在人类的意识之中。我们的灵魂最终将在一种更高的意识状态中重生，并将其在人类朝圣中积累的一切带入我们的一种全新的探险之中。在意识中，这被叫做天使的探险。新地平线在永恒中等待，有新的奇迹要看。我们将发现新的生活、爱和创造的方式。生命的荣耀将揭示更深的谜团并去解决。

为这荣耀的道路赞美上帝，赞美生命，赞美一切美好的事。你们是这个不朽的过程的一部分。尽你们所能，去过神圣、圣洁、高贵的生活。它会把你们引向数不尽的荣耀。

第三部分

道路上的陷阱

第十三章　你们的上升不是一条一直向上的直线

如果你不知道你要去哪里，任何一条路都可以带你

去那里。

——《爱丽丝梦游仙境》

当你们攀登精神的阶梯时，都希望上升是顺利而稳定的。但情况往往是，灵魂在精神上进步的同时，通过生活的各个维度上进化。然而，有些时候，灵魂抗拒神圣的脉动，结果是丧失而并非获得精神的基础。我们都有些进展顺利的往世，但也有些往世过得并不好。在这个成长过程中，这是不可避免的一部分。你们的上升的走势看起来有点像上下起伏的股票市场曲线图。这种情况会持续一段时间，直到灵魂全心投入精神的上升，为成长到天堂诸世界而不懈地努力进取。

在这一部分中，我们将看看是什么能把你们抛离精神成长，当你们失去精神基础时会发生什么，以及你们终究如何恢复你们的精神传承。

每当我们开始投入肉身进入尘世生活，我们的肉身就在某个精神的层面上振动，该层面与我们已经探索并挣得的精神维度相一致。例如，一个灵魂的肉身振动处在星光第四层面的第六次层面上。当该灵魂达到了它的目的和潜力时，它的本次肉身轮回就完成了，它所获得的精神力量就比刚进入肉身时增加了。这便使该灵魂在精神上有了进化。但是，如果一个灵魂给自己和他人的生活造成了心痛和不幸，它可能会无意中倒退，失去足够的精神力量，结束那一辈子时的精神水平比出生时还要低。

有些人比其他人更能配合这个计划。更有甚者，并不称言自己有精神信仰，却拥有高尚的精神，因为他们诚实正直，将真理贯穿于生活。还有些人是精神利己主义者，就因为他们获得了一些精神知识，便自恃清高，并非身体力行。具有讽刺意味的是，这些灵魂在精神上倒无所进步。任何轮回的尘世生活目标都是在意识上有意愿地追求精神道路，并且对于真理，要知行合一。你们不是被迫走上精神的道路；而是自行选择要做。

有什么能使你们偏离精神道路？

总而言之，当你们严重违反精神法则时，你们就会偏离精神道路。大家可能并非总是在意识上觉察到这些法律，但我们所有人都受到它们的约束。精神法则既非专断又非生造；它们不偏不倚，独立存在。违反这些法则，我们就杂乱无序，直至我们学习并纠正这些错误。在辉光中，违反了某个精神法则是清晰可见的。任何在辉光中造成无明能量的思想、情感、行动或话语都是破坏性的，都有悖于精神法则。

有时候，我们想要为错误做出合理解释，因为我们想继续如此。也许我们喜欢我们的所作所为，并不想停下来。然而，我们都受到同样的生命法则约束。作为精神上进者，你们想要知道真相。你们想要了解你们的行动的动机。你们想把事情看清楚，不因你们自己的看法而戴上有色眼镜。即使实情一开始令人感到刺痛，这只是暂时的。真理会让你踏上往上攀登的回家之路。所以，无论对错，要为自己的行为负责。

以下情况会导致灵魂失去精神力量，并可能退化：

1.造成辉光中无明的能量的行为。

2.造成无明的能量和破坏性的业力的先决条件的行为。

3.造成无明的能量和业力的先决条件的行为。

我们都会犯错误。没有完美无缺的人，我们大多数人的辉光里的色彩都是光明和无明的兼而有之。这并不意味着涉此现象者在退化。例如，如果某人非常生气，他的辉光环中就产生一种被污染的红色能量。用超觉天赋看到的这种颜色并不漂亮。它确实会导致那个人失去宝贵的光，但这并不意味着他们正在退化。这只是意味着他们必须消除愤怒，释放消极的能量。

造成破坏性业力的先决条件的行为是各有不同的。这种情况出现于，发起破坏性行为的效果要待日后才能感觉到。例如，假设某个人在一段爱情关系中表现得卑鄙无耻，并伤害到他人的感情。也许他们长相好看，或者社会地位优越，他们对人的伤害行为好像会"逃过劫数"。由于当事者对自己劣迹的后果并未立即感觉到，所以他们的行为照旧。这不仅在辉光中产生负能量，而且也对生命的织构造成破坏性的效应。多年后，他们发现自己所处的境遇大不相同了。也许他们什么好看的容颜已经逝去，或者优越的社会地位不复存在。现在，他们可能真心在寻找浪漫的爱情——甚至是渴望得到它——但却无处可寻。这里呈现的可能是一种业力的先决条件，用来教育灵魂爱和感情的价值。

导致灵魂退化的行为会把破坏性的结果推到更极端。一般来说，故意的、累积的和持续的负面行为，时间长了螺旋形地向下滑落就会开始，特别是在对该行为毫无认识或无所悔悟的情况下。在这些情况下，破坏性的行为会导致当事者不断地失去精神之光。如果没有所需的精神力量，这个人就会失去精神基础。偏离道路并非易事；它必须要具备长期如此地，顽固不化和背道而驰。通常，单一的破坏性行为所丢失的精神之光不足以引起退化，除非是罪大恶极。例如，那些犯下冷血谋杀的罪犯，就会开始退化的过程，特别是如果他们不思悔改，拒不赎罪。

好在，我们稳定发展的往世比误入歧途的往世要多得多。问题是，一旦我们的精神基础确实失去后，要恢复是需要用时间的。这些情况可能很残酷，比如暴君或任何行业的黑首领，他们多行不义，行凶杀人，诸如此类等等。那些较为轻微的精神堕落者的自我救赎会更快些。不管怎样，关键是辉光是否达到了一个"量变到质变的分界点"，一旦到了，退化的态势便形成了。

恢复你们的精神传承

不管灵魂跌落得有多么深,都没有永恒的诅咒。虽然灵魂可能做了可怕的事,但它仍然是那个永恒的灵魂。不管某些行为错得有多深，或是有多邪恶,灵魂的核心依然完好无缺。与生俱来的神性和善良一直在那里,即使被隐蔽了一段时间。因为这种固有的善良,即使需要很长时间才能到达那里，所有的灵魂最终都会回归光明。

这就是慈悲的本质：能够在你们和你们周围的人内心看到神圣的火花，无论他们身裹怎样的皮囊。纵然令人不安的是，一个人真会在一辈子就失去如此多的光，好在丧失的并非是一切。在一个灵魂跌落后的某个时刻，它会"醒来"面对真相，并开始了缓慢地，有时是还是痛苦的过程，去追溯它的足迹，索回失去的精神基础。这是重返圣光照耀下的救赎过程。当它再次开始进化的升程时，灵魂从它的精神传承中吸取力量，逐渐恢复到它以前的状态。幸运的是，沿着自己走过的足迹折返精神领域的过程比首次攀登阶梯时要快得多，因为灵魂重新再启的是当初经历的精神脚步。

你们可能知道生活中有某种人物，不走正道，尽给自己制造负能量，同时也伤害到他人。我们得为他们祈祷。把他们看作是神圣的存有，并尽你们所能伸出援手。鼓励他们改变自己的生活——什么时候开始都不晚。如果你们意识到自己身上有破坏性行动或行为，不要绝望。也别责备自己。在你们生命的任何阶段你们都能重新恢复你们的精神能量。与其为错误找到合理解释，不如承担责任并纠正这些行为。尽你们所能改正错误。

一个关于精神救赎的故事

为了说明失去精神基础和救赎的过程，我就讲述《生命之书》中的一则故事吧，这是神明分享给我的。这个故事发生在很久以前的古埃及王朝时代，大约公元前 2000 年，一个女人从因果世界投入肉身到尘世间。她是个精神上颇为发达的灵魂，她降生到一个神秘的家庭。她的父母同属一个神秘学校——就是古代的训练中心，志向远大的人们在那里接受有关"生命的奥秘"的教育。当时，埃及有着一些世界上最好的神秘学校。她生来就有已经觉醒的精神天赋，如超觉天赋，但她还没有学会驾驭那些力量。除了精神上有修为，她的家庭很富有，与王室有联系。她有兄弟姐妹，但从精神修为上讲，她似乎是最有才华的。纵然她的兴趣很多，但她从小就知道形而上学是她的人生道路。她很早就开始了秘传训练，长大后出落成一个秀外慧中，才华横溢的女人。

当时是埃及的一段艰难的时期。使用黑魔法的群体到处出现。他们的目的是破坏精神力量，阻挠其用于良善之事，而是为了一己私利滥用这种力量。其中一些黑魔法群体渗透到埃及祭司中，并在法老的宫廷中发挥其影响力。他们心怀歹毒且颇具野心，为达到自己的目标常会不惜一切。

作为他们颠覆作乱的一部分，他们一直在寻找他们可以引诱和利用的，天赋异禀的年轻灵魂。他们相中了我们故事中的女人作为黑魔法的候选人。她二十出头，还未经历开悟之前的精神考验。她之前信以为真地认为自己高人一等，至此便有些骄纵起来。她也经不住纸醉金迷的诱惑，并且觊觎皇室权力。她看到她的父母，因不拿良知做妥协，而被拒任重要的职位。这让她困扰不堪，她认为，即使游戏规则是皇室所设定的，她的精明在他们之上。她意识到，如果走父母的老路，她将一生伺候人，而永远不会掌握世俗的权力。

有一天，一个有权势的黑魔法组织的头子找到了她。他开始对她阿谀奉承，并找准了她情感上的弱点。他看透了她的烦恼，于是开始用黑魔法在她身上编织他的网。她知道他是谁，但以为她能对付得了他，但他太狡诈了，她中了他的咒迷上了他。他许诺会给了她权力名望——比她所在的神秘学校所能给予的要多。尽管她的父母和神秘学校的人发现她有什么不对劲，但她却默不做声。

虽然这听起来不合情理，一个登上了精神阶梯的人竟然也会受到人格自我的诱惑，而成其为牺牲品。一个人可以享受自我的膨胀和"旁门左道"的诱惑，但对其可怕的后果却并不了解。人们一旦涉入这些黑暗的水域，顷刻间便会被吞噬，连想都来不及想。但凡这样的决定都未经光明心智的把关，故而在道德标准上是缺失的。

很快，她的精神就堕落了。不久，她做出了利害攸关的决定，即离开神秘学校，加入黑魔法团。她的父母都很震惊，但她现在已被黑魔术师催眠了。她的家人也无法阻止她，他们的心都碎了。她正式加入后，精神下降速度愈发加快。

这个黑暗的组织和法老的关系亲近，她顺势得到了皇室的信任。她对权势十分迷醉，一旦注意到谁是对手，便开始用她的才能骚扰他们，致使他们生病，甚至杀害他们。她对此很拿手，与她同伙的邪恶灵魂还对她进行了严格的训练。因为她还正值青春，姣好迷人，很少有人怀疑她心怀叵测。她不断地攫取影响力和权力，但与家人完全没有了接触。那些和她打过交道的人都明白她变得有多么堕落。她在那轮回的一生中没活多久，最后的结果是在 30 多岁的时候被敌人杀死。

一个灵魂就这样退化了一生，之后她会去哪里呢？在她的个案中，尽管她已经上升到了因果世界，开了悟，但她失去的精神力量太多，难免一头坠落到冥界。这些位于星光世界的低层领域，是退化的灵魂要去呆的地方。他们的转世不属于正常的范围，要等到他们吸取教训，经过努力走出那些糟糕的地方才行。冥界不是地狱，但他们有一种地狱般的感觉。

身处这种堕落之中，最初她并没有意识到自己犯下的恶行。她的思想仍然浸透在把她吞噬的邪恶之中。更糟糕的是，在她周围的也都是失去了精神力量的堕落之徒。在进化故事中，最令人百感交集的时刻之一就是，一个达到精神高度的灵魂堕入自找的黑暗之中，终于再次看到了光明。这是一个灵魂所能经历的最艰难的教训之一：你们永远不能把自我置于上帝之上。

一俟这个女人开始攀登，要重返圣光时，她便要投身于地球尘世了。由于她造下的业力深重，在最初的几世里她的生活都很悲惨。在其中的一世中，她生来就是奴隶，处境恶劣，遭受虐待。那一世的生命很短暂，但她在世时，她被示以异象，看到了她以前作为黑魔术师的前世，也理解了为什么她的生活如此困难。在另一世中，她虽出生贫困，但有慈爱的父母，还有一个家庭。尽管这些前世过得如此艰难，她还是开始逐渐偿还她的孽债，重新焕发生机。然后她花了数世来偿还她对所伤害过的人欠下的业力债。

接下来，重建她的才能和天赋的时候到了。她有了好几辈子有创意，善于表达的生活。这给她带来了许多欢乐。当她恢复了她的品性和意志力时，她便准备就绪，要重建她的神秘生活了。这又用了几世的轮回。在有一世，她加入了印度的一个道场，开始自己的精神成长。终于，她达到了那一刻，准备再次唤醒她的神秘力量，重建能量，一直回到了因果世界。

让她重新获得精神信望的救赎生活再次发生在埃及，相对于几世纪前，这个时期埃及的状况有了改善。在这次轮回中，她生来是个小男孩，家里衣食无忧，但还不是十分富有。她并非生来就有多感官的超觉天赋，但她有精神视觉，可以看到异象。终于她长大成人了，被邀加入一所神秘学校。虽然她此生的父母在精神上的修为并不很高，但他们对神秘传统都很看重。她对教师的教导接受得很快，对世俗的权势和影响毫无渴望。她如饥似渴地学习形而上学，帮助那些不如自己幸运的人们，为他们办好事。渐渐地，她的乐善好施获得了大家的信赖，广为人知。很多年过去了，她开始重建了自己的神秘力量，最终在年老时恢复了自己的超觉天赋。她活了很长，得以通过她在几个世纪前没经受住的严峻考验。照惯例，她还得再面对一次邪恶，以证明她不被诱惑，这一次她很好地通过了对她的考验。

她完成了她那一世的轮回，受到人们的尊敬和爱戴。人们常说她从不怨天尤人，总是有求必应。她不仅重新获得了她的精神力量；她成为了一个比以往任何时候都更加美丽的灵魂，对前面的精神之旅满怀期待。

假先知

事实上，并不是所有被贴上"精神上"标签的东西都是精神上的。你们在精神道路上的部分工作就是要分辨真假神秘学说和真假神秘学教师。随着越来越多的人对精神发展感兴趣，更多的假学说将会出现。你们必须要有辨识力。

假先知是那些声称在你的精神攀登中帮助你的灵魂，但实际上他们要么是自欺欺人，要么是投机取巧。圣经警告那些假装以上帝的名义来误导灵魂的人："当心假先知，他们披着羊皮来到你们这里，但他们的内心却是贪婪的狼。你们要从他们的果子中认识他们。"[1]不幸的是，当今，这样的人时兴，许多寻找上帝的人们落入他们的掌心成了他们影响的牺牲品。

假先知的种类各有不同。有些人仅仅只是为了金钱利益。他们利用自己的个人魅力和意志力来施加影响力。还有一些具备了些精神才能，但却肆意滥用。有时，还并非是有意为之。他们处于一种自欺欺人的状态，真的以为他们精神教师，实则不是。假先知中最恶劣者是那些具备精神才能，并居心不良地故意误导灵魂的人。

为什么人们会上假先知的当？原因有很多。有些人很孤独，想找人做伴，或找个群体靠近。另有的人可能意志薄弱，或者想证明什么。还有一些人可能经历过困难或不幸，目前正处于弱势。假先知的群体会给那些不自信的人的一个夸大的自我形象。也有人可能还在寻找一种快速而简单的觉悟方法。凡此种种，不胜枚举。

当你们想专修一种学说或从师于一名精神教师时，必须首先看看你自己追求这个特定道路的动机。一旦你们搞清了自己的动机，再看看学说和教师。我的建议是，始终要对精神学说进行检验。不能对表面的东西信以为真。尊敬精神教师，但要认识到，教师无论有多么好，仍然属于人类。你们

---

[1] 马修 7:15

本身的振动自会吸引到相应的学说。最终，你们对教师最好的尊重就是，尊重学说，学以致用。

遭遇到招魂的灵媒

当我遇到具有通灵性质的事情时，我总是很谨慎。有些人在他们的通灵技能上是善良和真诚的，也有些人是值得怀疑的。人们经常认为我是通灵者，因为我能看到辉光。虽然我的心灵感官苏醒了，但我告诉人们，我不是通灵者。我在解读辉光时所使用的是神秘的超觉天赋，这与通灵完全是两回事。[2]

多年前，我曾有个学生，年轻，接受能力强，他着迷于通灵现象。不幸的是，她把我的才能误解为是通灵术层次上的才能。她希望我能教她成为一个具有超觉天赋的人。尽管我强调了精神发展的重要性，但她还是将信将疑。我告诫她注意通灵世界的危险，但我的话并没有给她留下什么印象。有一次，她邀请我和她一起去看一个有名气，可以进入催眠状态的灵媒，此人正在加州帕萨迪纳市的一个通灵教会的教堂主持一个晚间活动。她想要我用我的超觉天赋看看他是否正直，有没有功夫。我虽有些勉强，但还是同意了。

招魂的灵媒不同于通灵的灵媒。通灵的灵媒系指从心灵世界接收思想、图像或信息，并将这些信息联系给你的人。

---

[2] 关于通灵和神秘之间的区别，请参阅我们的书《与神交流》。

而招魂的灵媒经常是与已经去世到了彼岸的灵魂进行交流，并充当传递这些信息的媒介。在这种情形下，灵媒在意识上是有觉知，并控制着他或她自己说的话。

招魂的灵媒做的还不止与此。进入了一种恍惚的招魂状态的灵媒，并没有意识到正在发生了什么。在这种恍惚的状态中，来自彼岸的已经去世的灵魂控制着灵媒的身体功能，包括声音和身体运动。现在是这个上身的彼岸灵魂，或他们被称为"控制者"，凭借灵媒来说话。其目的是，通过灵媒直接与上身的彼岸灵魂交谈。随着上身的彼岸灵魂的接管，灵媒的声音和身体的言谈举止可能会发生戏剧性的变化。其挑战在于你们不知道人们在面对谁或什么，因为人们看不到上身的彼岸灵魂。当一场招魂会结束，灵媒从恍惚的状态中恢复来时，他或她通常不知道发生了什么，必须由他人来告诉自己。

所以我和我的学生一起去观察招魂的灵媒。因为此人很受欢迎，所以教堂里挤满了人。他有五十多岁，身材高大、相貌英俊，举止很迷人。他没有结婚，很受女人喜欢。他从事这一行已有几年了，并发展了相当多的追随者。他声称自己是给来自亚特兰蒂斯时代的一个觉悟的灵魂传递话语。

当夜幕降临时，那个灵媒进入了恍惚的状态，彼岸灵魂便上了他的身。于是该灵媒的行为举止和讲话方式都发生了变化。然后，彼岸灵魂开始谈论各种精神方面的话题，感觉相当合理和有逻辑，我相信这是他吸引人一部分。他的演讲声情并茂。受到感染观众呈现了狂热状。从旁协助的是灵媒的一个助手，他是这次活动的组织协调者。过了一会儿，灵媒开始回答观众提出的个人问题。他似乎对人们的生活有一种心灵上的觉知。他知道他们的人际关系、工作和经济状况，这让每个人——包括我的学生都肃然起敬。

在这样的事件中，我的习惯是坐在房间的后面，以方便我在需要在活动结束前离开。招魂会已经进行了大约 30 分钟，我决定要知道是谁在控制。附上这个人身体的灵魂是谁呢？我有一种发送精神之光的方法，这样我就可以用超觉天赋看到在发生的事。当我把光集聚到灵媒，再调准到站在他旁边的灵魂，我看到的不是一个觉悟的灵魂，而是一个丑陋怪异的、卑鄙下贱的灵魂，阴森森的光围绕其周身。动用超觉天赋，却看到如此这般，总是令人有些遗憾，因为原本想看到的是最好的人。但我并不感到惊讶。这已经不是我第一次看到这样的有生命的物体了。他是一个冒名顶替的灵魂，把自己假装成别人。

当我把光照到那个有生命的实体时，他察觉到我在做什么，显然变得焦虑不安。几分钟后，令我惊讶的是，仍处于完全恍惚，还受制于上身的实体的那个灵媒，沿过道径直走到屋子的最后我坐的地方。没人知道发生了什么事。他俯过身来，这样没人能听见，然后那个实体通过他附身的灵媒低声说道："收回你的光。你认为从这个酒鬼似的人这里会得到什么呢？！"

我简直不敢相信我所听到的一切。这个实体明白他是谁，他是什么，他在告诉我的是，那个灵媒绝非圣洁之士。他的语气表明，他虽附身于那个灵媒，但对其毫无尊重之意。显然，我不能留下来，于是我和我一脸茫然的朋友一道离开了。后来，我对她描述了发生的事。我和她分享过，虽然这些冒名顶替的灵魂可能知道你的一些事情，但他们的目的不是帮助你。他们的欺骗、半真半假和彻头彻尾的谎言旨在吸引你进来。其目的是为了偷窃观众的精神能量。整台戏就转移精神道路，我称之为"马戏团的表演场地"。她听得目瞪口呆，好在明白了并领会到，在对待通灵的事时必须要非常小心。

一个假先知的悲惨故事

在另一次与假先知的相遇中，我认识一个女人，克莱尔，她与臭名昭著的吉姆·琼斯集团有关。吉姆·琼斯的戏剧和"琼斯镇大屠杀"是现代美国历史上一个特别悲剧性的事件，至今仍让人们大惑不解.琼斯是一个邪教领袖，后来在旧金山地区颇具影响力。他通过实践他所谓的"使徒社会主义"，成立了一个名为"人民圣殿"的团体。他很受欢迎，但关于他的疯狂行为和对追随者的虐待的故事逐渐泄露出来。为了避免越来越大的压力，他把他的群体搬到了圭亚那，并成立了一个名为琼斯镇的公共生活组织。虽然宣扬的是乌托邦，但实际的生活却大相径庭，那里的生活呈螺旋式下降，越来越差。亲属们的担忧和神秘的死亡事件促使加州代表里奥·瑞去琼斯镇视察。但在圭亚那期间，他被邪教成员杀害了。琼斯知道当局正在逼近，在恶化的心理和身体状况下，他命令他的追随者执行"革命性的自杀"。900名男女和孩子喝了掺有氰化物的宾治鸡尾酒自杀了。

克莱尔已婚，有三个孩子，她在我的洛杉矶课堂上课。她告诉我，她是吉姆·琼斯集团的一员；当时，它的总部仍设在旧金山附近。在谈话中，她对他和那个群体大加赞扬。她说着，我便就势看了看她的辉光，这一看便感觉到有严重的问题。当时我对琼斯并不熟悉，但我能看出她有麻烦了。她邀请我和她一起去旧金山和他见面。我得到了灵感要帮助她，所以我接受了邀请。从洛杉矶开车到旧金山要花数小时，所以我计划在当地的一家酒店留宿，而她则住在当地的亲戚家里。

我们到了他的聚会点，那儿更像是一个集会。数百人集聚在那儿，群情振奋充满了期待。当他走上舞台时，我看了一眼他的辉光，简直不敢相信裹挟在他周围的是黑暗和凶险的能量。很清楚，他参与了一些包括谋杀恶行，我立刻明白了我接受到的灵感是要来参加这次旅行，为的是要帮助克莱尔摆脱出来。当他开始谈话时，他开始在这个房间里制造出一种近乎歇斯底里的催眠能量。因为我有超觉天赋，对振动就很敏感，他投射的疯狂混乱能量让我忍受不下来。我没有告诉她我看到了什么，而是说我需要离开，并要她跟我一起走。我想象不出克莱尔会在他身上看到什么。她不明就里样子有些尴尬，还是决定留下，所以我独自一人离开了。

当我走到门口时，一个看守挡住了我的去路。他用一种吓人的声音叫喊道："不能离开吉姆·琼斯的集会！"

我盯着他的眼睛说："你想打赌吗？看着我！"然后我就大步走了出去。

我回到了我在酒店的房间。那天晚上晚些时候，克莱尔和我通了电话。对于我所看到的，我不知如何解释为好，所以我决定只好用爱心直截了当地劝。我告诉她我是多么关心她，想要她最好。我告诫她，琼斯并不是他看上去的那样，并恳求她带着她的孩子和丈夫离开。我是一名精神教师，所以她尊重我，但对我对琼斯的印象让她惊讶，冒犯了她。她中了琼斯的魔，断然拒绝了我的忠告，说："你不知道你在说什么，芭芭拉！"我再次恳求她要想想她的孩子，什么对他们最好。她却什么也听不进去。

我别无选择，只好独自开车回洛杉矶。回来一次，我试着联系克莱尔，但再也没有回音。她停了课，也断掉了一切来往。不久之后，琼斯带着他的追随者去了圭亚那。当悲剧发生后，上了新闻。我很担心，我想再次联系她，看看她是否还好。我没找到她，但联系到一个朋友，她告诉了我所发生的悲剧始末。

克莱尔确实和她的家人去了圭亚那，更糟糕的是，她说服了一个朋友和她朋友的家人加入了这个组织。克莱尔在圭亚那时，她的姑姑去世了，留给她一笔遗产。琼斯指示她回美国，这样她就可以把钱带回来。悲剧就发生在她回到加州时。克莱尔的整个家庭——她的丈夫和三个孩子——以及她介绍给琼斯的那个家庭，都因服用了掺有氰化物的饮料而致死。

有理性的人们怎么会成为这种欺骗的受害者呢？以克莱尔为例，她是一个好人，但我认为她无法想象有这样的邪恶存在。她很天真，盲目相信琼斯——实质上是让别人替她思考，当亲眼所见的不是那么一回事时，她又缺乏意志力去挣脱。被一种难以打破的催眠所控制了。

没有人能对这些诱惑免疫。上帝允许这些陷阱存在，是将此作为一种挑战和考验。上帝希望你们通过第一手的经验学会去伪存真，因为其中的危险是非常实在的。对精神层面的处理不可"贸然行事"。[3]进化是一个渐进的过程，而非一朝一夕之事。任何作别样的承诺的人要么是受到了误导，要么就是假先知。你们的工作就是尽你们所能，看穿这些精神上的陷阱和诡计。你们若这么做，就会获得了巨大的精神优势，并且在精神道路上的进步就更快。

---

[3]选自亚历山大·蒲柏所著的《英美文学选读》的一段摘选文章。

第十四章　　冥界

没有人是坏到不可救药的。

——圣雄甘地

作为一名精神教师，神明经常交给我具体任务去彼岸帮助那些亡灵。从这一点上看，我过着双重生活：白天我在尘世间当教师，夜晚我就在精神诸世界里当教师。在我职业生涯的早期，有一次在内在世界的夜行中，我被引到了一个我从未去过的地方。我当时在一座朴素的建筑里，虽然它不是一个圣殿或是训练中心，但它显然是一个圣者们的属地。那里有圣光照耀，但也有一种忧郁的振动。把我带到这里的天界的存有说，带我来到的这个地方是冥界，这是一个帮助灵魂在精神上觉醒的圣所。我知道这些区域都很阴暗的和凄凉，便有些疑惧，但天界的存有告诉我不用担心。他给我们披了一件光斗篷来保护和遮住我们的能量，这样我们就不会打扰到此地的人，然后带我到外面带我参观。

我们所在的环境看起来像是个简朴的小镇。（我后来得知，这些建筑是专门为冥界的居民而造的安居处。）那是个夜晚，道路上只有点微光依稀照明。现在，出了圣所的安全区，我能更强烈地感觉到这个地方具有的特征是哀伤和悲惨。人们失魂落魄，在茫然中徘徊。虽然他们处在自我认知不全的状况中，也还是有一种社会秩序，因为一些灵魂在相互交往。有些互动是有温情的，而另一些则很敌对。

天界存有给我们当向导四处走走，他把我带进了其中一个建筑：是一个鸦片馆啊！一群人在那儿放纵自己，显然是完全陶醉在他们的享受之中。房间里的感觉很压抑。我的天界向导看到了我狐疑的眼神，便告诉我这些灵魂在地球尘世中被鸦片消耗殆尽，到了彼岸仍还继续他们的行为。就是这个行为模式把他们带到这个地方，但他们对此依然不思悔改。

这个地方所唤起的悲惨感觉令人难以言表。我心里很同情这些人。他们是像你我一样的灵魂，看到这样的情形存在真是令人难过。我问到该如何来帮助他们呢。我的向导说，这些灵魂并非难逃此地。那些圣者们正在辛勤地工作，以期唤醒他们，但这项任务是很艰巨的。他们通常并不想醒来，对任何努力都加以抵制，有时还使用暴力。有些人只待很短的时间，而另一些人在这里待了一阵子了，但还需要呆更长的时间。不大一会儿，这次造访就结束了，那个天界的存有就把我带了出去。首次去冥界的旅行只是了解这种地方的动态，但接下来我还会被接来，帮助提升这些灵魂。我明白这项任务有多么困难，但又是多么有价值和必不可少。

为了理解精神诸领域的多个领域和它们所包含的一切，我们也必须要注意到冥界，也被称为"星光界的地狱"。"冥"这个词的意思是下或在下面，所以冥界这个术语就是古人所说的阴间。从形而上学的角度来看，当灵魂失去了过多的精神之光，它们就丧失了参与正常进化过程的权利，而来到冥界。退化到这些领域的是因为犯下了重罪。那些进入冥界的灵魂并非是去受惩罚；他们在那里是因为他们的精神力量不够，去不了其他任何地方。你们可以把地狱称为一种精神等候区域，天使帮助他们理解发生了什么事，帮助他们回归精神轨道。

没有人会永远呆在这些星光界的地狱里。永远惩罚，而没有希望和救赎，这样的事是不存在的。这种情形是有必要，但并非自然的，不可能无限期地持续。无论灵魂做了什么，无论它陷落了多深，最终它都会找到回家的路。

动物、畜牲和野兽的冥界诸国度

冥界的领域有三个，按振动的降序依次是：动物、畜牲和野兽的诸国度。依据行动的破坏性和精神之光丧失的程度，灵魂可以处于这三个王国中的任何一个。它们与头三个较低的星光世界有关。然而，冥界的灵魂并不参与正态的进化流。他们不在这些通过星光领域进化的年轻灵魂群中。冥界的振动截然不同，它是被隔离的区域。

动物冥界的诸国度

按照这些领域的降序，首个是动物冥界的诸国度。在此背景下，"动物"一词无关乎动物。动物在进化中有自身的国度，与诸冥界没有任何关系。动物类有他们的本质。动物冥界指的是那些已经倒退到更低的本能水平的人类。这些冥界关联的是星光第三层面及其各个子层面。你们会记得，在星光第三层面，我们所发展的是本能的本质。

退化到这些水平的灵魂阻滞了他们的精神成长。他们否定了理性的思维心智，代之以不计后果的放任和更低的本能激情。尽管他们沉迷在人类情感的阴暗面中，无所顾忌，但他们仍然留有自我觉知。这就让他们的处境变得更糟，因为他们是有意识地将自己的思想引向他们本质的最底端。

在动物冥界里，上帝提供了一种和部落很相仿的社会秩序。人们之间有交往，但四处弥漫着悲伤无望的气氛。神明为了帮助这些灵魂醒来，提供了圣所，但令人惊讶的是，他们对精神的召唤经常不作回应。有时，上帝会把他们带到更高的领域，试图提醒他们自己来自哪里，但这可能会产生干扰效果，因为他们并不认同他们自己在跌落之前的身份。当一个灵魂开始再次看到光明时，就会有震惊、悲伤和悔恨。这些是痛苦的，但也是疗愈的迹象，灵魂在逐步接受它曾经的所作所为，并准备好再次开始向上的旅程。只要有需要，就会有稳定的爱心支持，把这些灵魂带回家。

由于每个星光层面有七个子层面，在动物冥界中有七个领域。一个灵魂可以跌落到这些领域中的任何一个，这取决于精神之光丧失的多少。当一个灵魂最终得以被唤醒，它就被带出冥界，于是重建的过程就开始了。它对自己的更高本质和来自上帝的支持逐渐开始有了回应。然而，当灵魂拒绝

醒来时，他们的光还会继续丧失。这可能会导致他们在精神
阶梯上进一步跌落，这种情况很可怕。

是什么行为会让你们落入这些领域？在《神曲》中，但
丁尽其所能，将特定的罪行与他对地狱的概念中的特定领域
相互关联起来：地狱般的地区 Inferno。当然，有些行为比
其他行为更具破坏性。偷一条面包和冷血谋杀是截然不同
的。从形而上学的观点来看，犯罪的轻重程度和持续时间以
及被丧失的圣光量决定了一个人归属于冥界何处，而不在于
犯罪本身。

注意观察你们的情感本质。忍不住破坏性的冲动，其实
就是敞开自己，任凭一种无耻的振动进入——点燃那些古老
的本能能量，做出一些在梦中都难以想出，始料不及的事
情。这种情况发生在那些贪恋色情、金钱、权力等，而无法
抑制的人们身上。那些长此以往，放纵低级冲动行为的人们
就会丧失许多精神之光。一旦他们在这种沉重的意识中过
世，他们就会进入动物冥界。

畜牲冥界诸国度

在动物冥界的下面是畜牲冥界的诸国度。这些领域与星光第
二层面相关联。通过星光第二层面自然进化的灵魂有一种美
丽的、田园诗般的纯真。那些死后进入畜生冥界者所处的情
况则大相径庭。这个领域真是难以名状。它不像传统的地狱
世界那般，画面中有硫磺和火海。但它的黑暗和凄凉的气氛

是毋容置疑的。因为这些灵魂对他们的所作所为感到极度的懊丧，自有很多的痛苦存在，但他们做了什么或为什么他们会在那里就不得而知了。当灵魂跌落到这个程度的时候，天使们要把他们解救出来的工作难度就更大了。

那些发现自己在畜生冥界诸国度的灵魂被困扰在一种持续的噩梦中。在星光第二层面上，你们生活在自然的梦心智的状态中。这个状态允许自由的心智表达，且不造成什么后果。但对于退化的灵魂，梦境状态则归到某种噩梦状态。他们之所以称它为畜生国度，是因为在这种焦虑不安的梦境状态下发生的狂野的、毫无节制的行为。一种永无休止的绝望感在那儿。就像动物冥界一样，这里也有一种社会秩序，人们之间有交往，人们生活在原始的结构中。然而，即使在这里，上帝的神圣之光仍在照耀，唤醒和提升在如此黑暗中的灵魂 。

野兽冥界诸国度

在此以下就是冥界的最底层、最黑暗的一些地方——野兽诸冥界。这些领域与星光第一层面相关， 那里是亿万年前我们的星光旅程的始发地。当时在这个领域的年轻灵魂还没有星光体。但对于那些现已退化到野兽诸国度的灵魂来说，他们的星光体被保留了下来。那些过世后到了这里的灵魂已经耗尽了他们本能的贪欲和激情，他们沉浸在黑暗中，被压得喘不过气来。他们几乎处于昏迷状态，遭到 他们所蓄积的

暗黑振动的反噬。然而，即使在这里，上帝也还在帮助灵魂
们，从这些状态中将其唤醒，使他们站起来，走出这些悲惨
的环境。

恶魔的领域和造化中的至暗之地

冥界就是最糟糕的吗？可惜不仅如此，还有更糟糕的一
些精神领域。这里讲的目的不是反复叙述这样那样的黑暗，
而是对精神旅程做个较为全面的描绘，包括其所有色调和色
彩。如果曾经有过地狱的话，就是指这些地区。它们被称为
恶魔之境，甚至比最低下的星光世界还要低下。就像冥界一
样，它们也不属于神圣的，进化过程的一部分。它们是被隔
离的区域，给这些灵魂提供空间，逐步改邪归正。

这些是堕落天使和其他地位曾经尊崇的圣者们的所在之
地。拒绝与神圣的计划合作的有些是人类，但也有些是天
使。这些堕落的天使虽然已经丧失了巨大的精神能量，但他
们内在的天使智能却仍然保留着。由于他们是从超乎你我想
象的高位跌落下来的，所以他们就特别危险。

是什么能让一个人在精神阶梯上跌落得这么远呢？恶魔
国度与我们人类的品性和精神成长并无关联，这意味着这些
灵魂以某种方式连接上了恶魔的非人类特征。如果你在你的
肉身轮回中有意识地与邪恶沆瀣一气，对恶魔言听计从，你
可能会失去大量的圣光，一度要落到恶魔的领域。这样的经

历确实是一种生不如死的遭际。它将教会你们，永远别把你们的生命、你们的圣光或你们的精神道路视之为理所当然。

被困在这些领域的灵魂本质上是"与魔鬼结盟"。他们正处在邪恶势力的控制之下。在这些领域里，你们不会是无所事事，到处闲逛；你们是恶魔搞阴谋诡计的主动参与者。冥界是无组织无条理的混乱地方，而恶魔的世界是却是有组织有条理的邪恶之域。甚至还有一个由邪恶灵魂，基于勃勃野心而组织的，"逆向"层级结构。卡巴拉教徒提到的逆卡巴拉之树即死亡之树。正如生命之树是通往我们永恒家园的道路，死亡之树则是处于螺旋式下降之势。

这个恶魔诸世界的行事准则是傲慢专横、仇恨、残忍和铤而走险。它们与创造的原则是完全相悖的。这些灵魂的精神之光是如此枯竭，他们不得不持续不断偷窃他人之光。从某种意义上说，他们是精神上的吸血鬼，不断地从他人那里夺取圣光，找到谁就是谁。这些堕落者很狡猾。他们会利用所拥有的一切去行恶避善，因为他们已经失去了道德的指南针。灵魂在这里呆的时间越长，越是绝望，开始感到他们百般努力的下场都是徒劳的。

然而，即使是在这里，同样的精神原则依然存在。尽管这些灵魂堕落了，但他们仍然是生命中永恒的火花，是整体的一部分。尽管他们做了许多可怕的事情，但上帝仍然视他们为神圣的存有。回家之路依旧还在。即使他们千方百计在阻挠神圣的计划，去破坏生活中的一切美好，他们也赢不了。即使在短期内或许是所向无敌的。但他们的作为不实在，是假冒的，而弄虚作假的事长久不了。最终，"万膝必向我跪拜。"[4]圣者们要费很大的劲去唤醒堕落的天使和在这里的人类，而圣者们却从这些恶魔的领域里挽救了无数的灵魂，惟善行天下，至高无上。

对于所有陷入至暗的迷途者来说，真理之光最终会把漆黑照亮。对于那些自我囚禁在这些地区的浪子来说，这绵绵长夜终将结束，一种全新领悟的开端就会到来。邪恶之根虽然扎得深，但最终，它们都会像杂草一样，从上帝的花园里被清除出去。不言而喻，这些较低领域的存在揭示了我们的进化是多么来之不易，我们走到现在这个地步又是付出了多么漫长的时间和巨大的努力。走上精神道路是一种荣幸——但这是一种我们一旦把脸偏离上帝就会失去的荣幸。要对你们所接受的一切，心存感恩，永远不要认为你们自己的精神成长是轻而易举之事，感谢你们生活中的一切，感谢你们所得到的所有精神上的机会。

---

[4] 罗马书 14:11

第四部分

加速你们的精神发展的练习

第十五章　你们走向永恒的护照是你们所挣得的光

　　不要害怕你遇到的困难。不要奢望你所在情况不是现在。因为当你充分利用了一场逆境，它就成为获得绝佳机会的垫脚石。

　　　　　　　　　　　——H.P.布拉瓦茨基夫人

　　精神上升的旅程是不可思议的，倘若你们在探索它，自然而然地，你们就想知道自己在这个过程中到了什么地方，以及你们是否全力以赴去实现你们的潜力。这些都是重要的问题，因为你们的精神攀登正是通过你们自己的努力来促进的。在精神诸世界里，在伟大上升途中，你们到了哪儿是一清二楚的。然而，在尘世生活中，在人的内的精神理解力苏醒之前，这些知识通常是被遮蔽的。只有不知你们在途中的位置，方可考验和加强你们的品性和才能。通过谦逊厚道、恳切耐心和持之以恒的操守，神圣的生活在循序渐进中会得以显露，你们的宇宙故事也就随之展开。

　　有一把可以打开你们的精神进化之门的钥匙，那就是圣光。你们所获得的神圣之光将带着你们穿过所有意识的上升层面。你们所拥有的最珍贵的东西是你们的光；你们能做的最重要的事情就是获得圣光。你们挣到的光越多，你们登上的意识就越高。在尘世生活中，你们的意识是基于你们所获的圣光，在某种水平上振动。而该振动水平则与精神诸世界的某个领域相互关联。当你们经过我们称之为死亡的大门口跨越到彼岸时，你们受重力作用被吸引到你们有权利到达的精神层面，该权利则与你们所挣到的圣光量相应。这既不是一种惩罚，也不是一种奖励——它就是同性相吸。如果你们在过去的日子里欺世盗名，冷酷无情，你们伤害的就不仅是别人还有自己，你们的精神力量就有了损失，当你们到了彼岸，你们所在的精神领域也不会高。如果你们终其一生为他人服务，辛勤劳作，富于创造，那么你们的所作所为就是收获圣光，继而就会发现自己处于一个更高的精神维度。你们现在振动所处的意识层面就是你们在精神上升中目前达到的位置。

在地球上，灵魂们处在多种进化层次上，从刚入精神领域学习的新生到修为高深的神秘主义者都有。在当今地球上，灵魂们的振动大都处在星光第四层面的某个地方，然而也有些灵魂的振动处在星光第五层次，再往上，直到第三层天堂的都有。关键是不要把自己和他人进行比较。你们的上升不是参赛；你们是在你们自己的精神阶梯上。其目标是你们为自己而全力以赴。

如果圣光是你们上升的关键，那么你们该如何增加那种光呢？有两种挣取圣光的基本方法。一个是通过每一个善言、善念、善行和善举。你们所做的每一件积极的、有益的事情，无论是否被认可，都是在给你们的辉光场增加力量。这种力量是推动你的精神进化的燃料。所有伟大的精神传统均强调个人生活质量的重要性。这些包括佛教的四圣谛和八正道，圣经的十诫和黄金准则，伊斯兰教信仰的五柱石、印度教信仰的业瑜伽或正确行动法则，以及道教的中国哲学传统。贯穿所有这些精神传统的共同主线是个人的德行的重要性。你们的生活的方式至关重要。你们到天堂的道路既不能靠钱买来，也不能靠嘴说来。你们必须挣得它。

另一种获得光的方法是用圣光做冥想，并在生活中活学活用圣光。通过真诚的祈祷和冥想，你们可以接触到宇宙的生命力，并将这些能量吸入你们的辉光场。如果你们想要建立你们的爱流，你们可以呼唤爱的精神能量，它的光看起来是一种美丽的玫瑰粉色。当你们把能量吸入你们的辉光时，它会用爱的意识加持你们。然后，当你们把爱使用到你们的生活中，它会成为你们的一部分，你们的辉光场就得到了加强。

在本章中，我们将探讨一些通过你们的生活方式来建立精神力量的关键点。然后，在接下来的章节中，我们将提供一些帮助加速你们精神成长的高效冥想方法。

首先，我们将探讨以下四个品质。培养每一个都有助于在你的精神旅程中建立神圣的力量。

1.优先考虑精神成长。

2.将真理应用于你们所做的一切，直到它成为智慧。

3.追求有美德的精神教育。

4.把痛苦转化为加持。

把精神成长作为你们的优先事项

精神追求成功的关键是对更高生活的积极性和渴望。当灵魂在精神上觉醒时，有一束美丽的水蓝光出现在辉光场中。这是一种激励的和提振的能量。当觉醒的灵魂追求精神道路时，这束光就变得明亮起来。有些人倒是觉醒了，但他们却没选择去追求精神上的志向。他们可能是胆怯或是安于自己的现状。这真令人遗憾，因为失去的是一个黄金机会。

你们必须腾出空间，让内在的精神生活得以展开。就像打造一个新花园一样，要从头开始先翻地，再种花。如果你的生活忙得不可开交，或者过于专注，那么精神生活就比较难以展开。匹配任何目标，都要设定优先级。把精神的成长定为你们生活的核心，然后观察其他一切是如何随之就位的。当你们刚开始适应精神道路时，你们在精神游乐场中探索和享受乐趣，有一段"蜜月期"。在这种模式下，你们逐步习惯精神生活，以适应你们所知道的世界，使它更加美丽和和谐。然后，随着你们的精神旅程在继续，你们对上帝的承诺在加深，你们也在学习使你们的个人生活适应神圣的生活。你们的生活就会在从容不迫之中，恰到好处地反映了神圣的生活。

在我的一个培训课上，一位女士想知道世俗的活动和精神活动的重要性是各占多少。这个问题揭示了什么？不就成了一个将两者割裂的假设吗？他们不是割裂的！没有世俗的生活和精神的生活之分；所有的都是精神的。如果你们把你们的精神生活和尘世生活看作是两码事，你们就是在分割你们的能量和意识。你们所有的活动都是伟大整体的一部分：你们的职业生涯，你们的人际关系，甚至你们的财务状况都是你们精神之旅的一部分。要以同样的热情去追求他们，你们就会建立起巨大的精神力量。

要保持简单的生活。当今有太多可供的选择和可做的事情。你们可用的时间和精力却只有这么多。忙忙碌碌并不一定意味着生活富有成效或充实。你们想要的是节俭高效，事半功倍。长途旅行得一步一步来，不可一蹴而就。你们将需要涵盖你们所有轮回的整个时间跨度，来完成你们所要做的一切。

有些人认为他们必须放弃一切来追求精神生活。这话并不对。你们的精神生活其实和你们是如影随形的。你们可以从现在所处的地方开始，在你们的品性、人际关系、工作和活动中改善自己。无论你们走到哪里，都要带着你们的光明。当你们追求更高尚的生活时，你们就会改变，而你们的工作和生活也许就会随之改变。有时，当你们攀爬精神上的阶梯时，朋友们也会发生变化。用爱，常识和才智处理每件事。要善解人意，要体贴入微。随时准备应对意外的情况。神圣生命的美妙之处就包括它是一种历险。就像任何历险一样，最精彩的部分就在于，即将发生的事并非总是不出所料。

践行真理，致其生慧

当你们走在精神的道路上时，许多真理将会被揭示出来。这为心智打开了新的可能性并使灵感通达。了解神秘知识是令人兴奋的，但正如哲学家和神秘主义者阿布·哈米德·穆罕默德·加哈扎利著名的教导的那样，"没有行动的知识是无用的。"照亮心智是必不可少的，然而你们还要脚踏实地经历过知识所呈现的内涵，在此之前，你们的灵魂仍没成长。灵魂的成长只能通过经验。当你们从经验中吸取教训时，它们就变成了智慧。智慧就是挣得的经验。

要建立精神力量，要上升，对诸多的真理，你们的灵魂必须要身体力行。这就需要时间、耐心和坚持不懈。当面对新的机遇或挑战时，该怎样做却并非总是心中有数。你们要做的决定中不可避免地有对有错。通过这一切，灵魂都就不断地吸收这些经历。当你们取得真实可靠的成功时，你们便学到课程的本质，那个点上的学问就得心应手了。在你们生活的某一部分中，你们将会获得智慧，而该智慧将成为你们灵魂的一部分。而后把它纳入内心，携其度过余生，继而带入死后的生命。

真理活到你们的心里，才成其为真理。要专注于过一种聪明睿智、以心为本的生活。即使你们做了好事而没有得到完全明显的回报，还是依然要做好事。它将使你们的辉光亮丽，护佑你们的生活。你们结出的精神果实在于你们的努力程度。为此付出一切辛劳和牺牲都是值得的，因为它们成倍地增加了你们的快乐和满足。

追求有美德的精神教育

如今，人们对精神知识有了强烈的渴望。随着这么多的人醒悟到精神生活，人们便渴望对光明的理解。问题是如何获得这些知识。就像任何要求苛刻的工作一样，如果你们想成功并胜任你的工作，你们就会寻求技能培训。你们就去上学或从师于该领域的专家。对于形而上学也是如此。在精神攀登中的某一时刻，当灵魂已经达到了它自己所能达到的水平时，就需要一名有美德的精神教师作指导，而该教师是已经达到了有志者努力要达到的顶峰。

一个心存抱负的灵魂是否需要一个肉体形式的精神教师，这对许多人来说是一个有争论的问题。在当今世界，有一种对权威的不信任，因为这似乎违背了独立的精神。因此，有许多人都在试图靠自己攀爬精神的阶梯。他们从许多不同的来源获取知识，并试图凭自己在精神道路上取得发展。可以自己成长，但在精神之旅的某个时刻，你需要一个有美德的教师。

精神指导的实践是所有伟大的形而上学传统中的一个历史悠久的传统。在东方，这些教师被称为大师。古希腊人称这些灵魂为圣师，即神秘知识的揭示者。这些觉悟的灵魂不仅达到了一个神秘主义者的高度潜修状态，而且通过长期的努力，内心和心智的纯洁，无私的服务，和坚定的奉献，他们与上帝已经建立了直接的沟通，并受命于上帝，担任精神教师。

一个真正的精神教师不仅仅是分享知识；他/她还促进精神上的转变。在教师的指导下，学生学习去唤醒内在的有序宇宙的力量。这是严格的精神训练。灵魂中的人格野心和贪图都得被净化掉。志存高远的灵魂必须逐步放松和释放对人格的依恋，这样它才能与上帝结合。要做到多方面的自律，以培养灵魂，为觉悟的生活要求做准备。层级递进都要经过考验。渐渐地，心存抱负的灵魂通过了诸多考验，达到了光明和觉悟。然后，一个光荣的新生命才会出现。在我个人的旅程中，即使我生来就有天赋，但我如果未曾接受某些具有非凡天赋的灵魂的训练，我的成长也到不了今天的成就，能担任一名精神教师。简而言之，有太多的东西需要学习，有太多的转换需要经过，我们需要靠自己，一点一滴来积累。

你们如何能辨识出一种有美德的精神教育呢？在寻找精神训练时，你们必须使用你们自己最好的判断力、常识、智力和直觉。精神教师和修习方法林林总总，但它们的质量却不尽相同。有些的等级很高，有神圣的灵感在引导，而有些则不是。还有些则是完全错误的并具有误导性。你们可以问一问自己以下问题：这些学说符合你们自己的道德准则吗？它们会激励你们，激发出你们最优秀的潜力吗？你们自己在修习的某一学说的经历，将会揭示出其价值的真实可信性。

还得要审视那些以精神教师出现的人的操守是否诚实正直。他们的言行和他们施教的内容一致吗？他们是否常常为自己歌功颂德，而不是专心帮助你们？他们是否不合理地要求你们付出时间和资源呢？然后看看教师的背景。他/她受到的是什么精神训练？如今，有许多"一知半解"的教师。他们有一些天赋或学到了一些东西，然后突然间决定便自诩为教师。谨防那些说他们一觉醒来便瞬间顿悟了的人。即使有与生俱来的天赋，要成为一名真正的精神教师，也需要几十年的训练。

同样重要的是：审视自己的内心。你们对精神上的辛勤劳动有多投入？圣经教导说："因为被召的多,选上的少。"[1]无论教学的内容有多好，或是教师有多合格，如果学生不努力投入这个吃苦的事，就不会有什么进步。还要检查你们的动机。你们追求精神道路是不是为了逃避某件事，或者比别人优秀或更有优越感？或者你们这样做是出于一种真诚的愿望，想要更接近上帝？你们将会依据你们自己的意图和准备的程度，吸引来某个精神教师。

化痛苦为加持

疗愈意味着改变——从一种状态改变到另一种状态。治愈是精神生活的基石之一。在某种程度上，我们都需要在心智、身体或灵魂上得到疗愈。如果你生活的某些方面有麻烦，要面对这种情况并治愈它。不要任由麻烦久留不决。蜕变的过程对精神成长至关重要。如果没有精神疗愈的艺术和科学，你就无法攀登精神的阶梯。

---

[1] 马太福音 22:14

　　在你的整个进化过程中，总是需要疗愈和蜕变。你可能不认为自己是一个疗愈者，但如果你正走在精神的道路上，疗愈便是这条道路的一部分。所以学习技能是重要的，身体的和精神的都要学。这并不意味着你需要成为医生或专业的疗愈师，而是说你需要了解和应用疗愈的多个原则。第一步是愿意改变，不仅仅是身体情况，还有你所面临的任何情况。宽恕是疗愈的关键。太多的大好时间都被浪费在纠缠着积怨、懊悔、愤怒和仇恨之上。要学会熟练地运用宽恕的艺术。要紧的并不在犯错误的人是谁。而是通过真心诚意的宽容，让你们从曾经使自己痛苦的能量中解放出来。

　　当我们的生活中出现麻烦时，许多人往往装作没看见或不让人知道。我们认为我们的那一部分令人不悦，就避讳提及。但并没有意识到，此时的薄弱的环节，是有可能变成一种优势的。不要认为有一些问题太大而无法克服。你们生活中的任何部分都有可能成为你们获得祝福的经历。

在你们的精神成长中获得成功的十个关键

———

　　在我当初开始教书时，学生们要求我讲一讲精神成长的一些关键要点。当然，关键是有很多的，但如果你们的内心和心智所设定的方向正确，你们的精神力量的势头就起来了。我在课上讲授这些关键已经很多年了。在结束这一章时，我把它们介绍给你们，好对你们的精神之旅有所帮助。

1)　**想象力**

想象的能力是我们最大的天赋之一。想象不是幻想；它是对在物理层面上还未存在的东西的预想力量。通过想象，你可以预想你最高的自我，设定你们向往的理想。

2)　**强烈的精神欲望**

要在精神道路上取得成功，你必须有强烈的欲望。如果你的欲望还不足，你现在要做的工作就是激发这种欲望，久久为功，使之增强。即使你每天只朝着正确的方向迈出一步，你也是在进化的过程中螺旋上升。

3)　**知识**

就我们所了解到的，关于精神生活有很多东西需要学习。你们需要一个稳定的知识流动才能获得成功。永远不要轻信胡说，自以为已经学会了一切；总有更多的东西要学习。神秘的知识，以及人类开拓的所有领域的知识，都使灵魂充实。我们都是终身学习的学生。

4)　**坚定的意志**

意志力是思想的稳定剂。它使一个想法能坚持到表达出来。如果你们觉得你们不能达到你们的精神目标，或者你们配不上上帝的关注，那么就要用心着意地，去改变这种态度。你们在本次轮回的尘世生活中是具有精神潜力的。你们的态度应该是，"我知道我会达到我的精神潜力！"

5)　坚持

这是一种不顾困难和反对而继续下去的能力。不让任何事情阻碍你的决心。太多在途的人们内心脆弱，本来能达到，却半途而废。他们过早退出了。眼光要远大，精神的结果是逐渐才显露出来的。坚持才能胜利。

6)　灵感

灵感是接受来自上帝心智的引导的行为。它就像美妙的音乐一样流动。灵感是必不可少的，因为你们不是这条路的独行者。你们一直在被上帝引导着，需要与引导者的联系畅通。要保持一种放松的状态，随时接受来自神圣的提振鼓舞。

7)　热情

除了欲望和意志之外，还要培养热情，以促进你们的精神成长。当遇上会让你灰心丧气的人和事时，热情会给你鼓劲。热情不是盲目的乐观，转眼即逝；它是以一种能力，以快乐的心情去做眼前的工作。热情是具有感染力的；它也鼓励其他人在他们的精神旅程中前进。

8)　对上帝的信心

信心表明你们确信你们是上帝的孩子。当你们与上帝共事时，你们怎么可能不成功呢？为了使信心稳定，把上帝包括在你们所做的每一件事中。你们与上帝合作的过程将解开信心的秘密。

9）动力作用

人们可以说，动力行动是宇宙的第一定律，因为它表现了创造本身。动力作用是产生事物所必需的活力和生机。你们可以想望精神的生活，但想法如果没付诸行动，就将无所裨益。你们的精神成长不能仅仅是一个美妙的想法；你们必须积极参与其中，身体力行。

10）神圣的爱

在你们的精神追求中，你们将有大量的爱和慈悲需要表达。爱是生命的融合剂。当你们汇聚于精神的爱流，就置身于万物一体，向善进化的生命之中。要建立你们的爱流，就得摈弃自私的举动，拥抱无私的行为。

第十六章 连接精神诸世界的冥想

冥想使你获得智慧；缺乏冥想使你变得无知。

—— 佛陀

　　冥想是践行形而上学的基石。许多事情都是灵魂进化的一部分，但你们的精神努力的基础是冥想。如果没有惯常的冥想，你们就不可能攀登精神的阶梯。既然圣光是你们精神上升的燃料，圣光冥想将大大增加你们辉光中的精神力量，加速你们的精神成长。养成每日冥想的习惯，将大大增强你们的精神展现过程。

　　冥想是什么？有许多流派各异的冥想实践，以适应各人不同的需求和性情。冥想，在本质上，是从上帝那里接受。这是你们与上帝一对一的相处时间。在冥想期间，你们就暂时退出了生活中的活动。但你们的肉体虽然是静止的，但仍然非常警觉。在冥想状态中，你们从上帝那里获得精神能量和灵感来更新和增强你们的意识。一旦神圣的力量被接受到，你们就应该掌握并运用它。例如，如果你们在冥想中静思慈悲和爱的神圣品质，那么你们就要身体力行发慈悲心，去奉献爱。

　　与冥想相辅相成的是祈祷。如果冥想是从上帝那里接收启示，祈祷就是向上帝祈求，是发出能量。许多人错误地认为祈祷是要从上帝那里得到一些东西。祈祷的作用不是接收，而是给予。上帝很清楚我们的需要，但很多时候我们的意识与神圣的意识流断开了。我们过于沉浸在个人的关注中，失去了精神的洞察力。祈祷使我们保持联系。祈祷的首要任务是与上帝建立联系，以获得与上帝同在的快乐。一旦你们进入凝神专一的状态，就可以祈求上帝的引导和灵感了。这样做并非是强求，而是为了任由上帝进入你们的生活。一旦你们以神圣的角度看事物，你们就会知道该做什么了。

你们与神明的互动也包括使用冥想祈祷。在这种祈愿中，你提出了一个具体的要求，以强化你们在生活的某些方面与神圣的联系，譬如建立你们的爱流或精神自信。然后你们就会得到上帝希望给你们的加持。冥想祈祷的美妙之处在于，你们是把你们的心智和意识集中在你们所要求的精神品质上，从而使心智保持警觉和专注。

高我的冥想

本书中提供的冥想为一种被称为高我的冥想[1]，所涉及的是其常规程序中的一部分。没有任何一种冥想能使人顿然领悟，进化过程是无捷径可走的。然而，得当的冥想可以极大地支持你们的精神之旅。就我对辉光场的工作经历以及我所遵循的光国学说传统而言，我所专注的是用圣光做冥想的方式，以加强辉光场，通过辉光，再到意识的所有方面。在这些冥想的过程中，要观想圣光流入你们的辉光场。

---

[1] 关于高我冥想过程的全面描述，请参考我们的书《改变你的辉光，改变你的生活》。

　　这种冥想的关键是高我。你们的高我是通往天堂的桥梁。在辉光场，具有超觉天赋的人可以看到你们的高我是一个金色的脉轮点，即精神中心，大约悬于头部两英尺之处，称其为冥想的起式，很恰当。（见图 16.1)。你们的高我是你们神圣本质的一部分，是你们的灵魂在其精神旅程中可以依赖的一道引导之光。它与天堂诸领域保持着永恒的交流，同时也敏锐地觉察到在你们身上正在发生的事。来自天堂诸领域的圣光和灵感流经高我点，然后才接触到你们。

　　开始做高我冥想时，要找一个不会受到干扰的安静地方。冥想时，你们的全部注意力要集中在冥想上，排除外界的干扰。在冥想的过程中，你们的心智、身体、和情绪都从生活中的活动退出，处在安静的状态之中。建议找一张舒适的椅子坐，后背挺直，脚板平放在地板上，不要持莲花盘坐姿势。在这种类型的冥想中，精神的力量像电流一样是自上而下流动的，双腿交叉或任何"使电线交叉"的方式会阻断能量流，均不宜采取。

　　身体静坐时，要默想你们在向上帝祈求的内容。每个神圣的属性都携有自身的能量射线，所以提出的要求具体，结果会更有效。一开始，建议你们一次做三到四个推荐的冥想祈祷（如下所述），要留有吸收和运用这些能量的时间。如果不清楚向神明要求什么，就请神圣的智能来引导你。

　　放松入静，开始冥想。做几次深呼吸，调整你们的身心灵的节奏使其应和一致。然后，意想你们周围有一个金色的保护泡。做任何类型的冥想都要有精神上的保护，这点至关重要。然后将你们的注意力放在悬于自己身体头部两英尺之处的高我点上。把这一点看作是金白色的太阳。当你们把注意力放在高我点上时，放下任何烦恼或担忧。它们并不存在于这个神圣之地。你们时处圣地。要知道，你们的一部分意识是处在对那个更高自我的喜悦崇敬之中。

当你们把注意力放在你们的高我点上时，大声背诵这个祈祷文（要记住它，以后的冥想要用）：

与高我点连接的祈祷词

天父/圣母上帝，我把我的意识提升到

你的意识之中，与你合为一体。

我请求接收到我需要的及我现在就需要了解的。

你们的冥想祈祷是从你们高我点准备好开始的。你们可以按照本章和下一章中提供的内容，或者使用你们自己的内容进行。请记住，冥想祈祷中的祈祷是请求，而不是命令。你们请求要的是这神圣的能量，但你们所需要的是什么精神能量却总是取决于上帝。在你们冥想祈祷中，打开你们的心智，向上帝说出你们的心里话。心怀崇敬和爱，在冥想祈祷中清楚地用言语表达。观想圣光，你们请求从神圣的来源

"降下射线"至你们高我点。然后，从高我点，观想这种降下的光射线照亮你们，你们的辉光，你们的身体，和你们的精神中心点都沐浴在其中。允许这种光接触到你们的每一个部分：你们的思维、感觉、话语和活动。

保持不动，感受光明的加持。感受你们所要求的精神品质和你们的无穷精神表达力在使你们的意识提升。你们的内心知道，有上帝和神明与你们同在，你们可以完成任何事情。

在完成冥想时，要为自己的收获表达感激之情。同时会感觉到精力恢复，头脑清醒。将所给予的力量用到你们的进化之中；让它成为你们生活的一部分。初习者，每天冥想15或20分钟。神明给的建议是，到后来，你们可把时间延长到30分钟，以致更长。冥想的深度也同样重要。当你们做完冥想时，你们的感觉应该与开始做时有所不同。

在这些冥想中，我们不要求你们会看到圣光，但你们会感觉或感受到它的存在。冥想是一种处于神圣意识中的体验。

四个关键的精神中心（脉轮）

在你们的精神构造中，有七个精神中心，即脉轮。圣光虽是要流至你们的辉光的各个方面，但尤其要流经（这七个中的）四个基本的脉轮，因为它们是圣光的强力接收和传输站。观想着圣光在往下流经这四个中心，提升你们。这些精神中心看起来就像色彩四溢的金色光球。

1) 心智中心：位于前额的中央，这是你们的意识思维

图 16.1 冥想的起式

自我的核心。

2) 喉咙中心：位于喉咙的中间，这个精神中心是你们的创造性的语调的核心。

3) 赫密斯中心（亦称心轮）：位于胸部的中部，这个中心是你们的个人在世的事务核心。在你们有效寿命中发生的一切在能量上都与这个精神中心持有联系。

4) 情感中心：位于靠近肚脐的腹部区域，这是你情感本质的能量核心。

接收精神上的灵感

我们每一天都在得到上帝的眷顾，但我们常常陷在自己的担忧之中，而对神圣的脉冲并无反应。下面的冥想祈祷将帮助你们更好地调适到神圣的灵感。你们不能用发号施令得到灵感，但你们可以设置一个适宜接受灵感的环境。感到有需要时，你们就祈祷。具有超觉天赋的人可以看到灵感的精神能量显现的是美丽的粉蓝色光。请求这种能量时，将你们的心智和意识朝向这种神圣流动，去感受它的以太能量。

为接收灵感而调适到神圣的领域冥想祈祷

请降下粉蓝色的灵感射线，
帮助我调适到精神诸世界的创造性振动。

给我灵感，以体现我所挣得的所有创造力。

我要求与来自天堂诸世界的流态引导和指向保持一致，

并尽力将内在世界中已经证明的，在尘世中表现出来，

让自己和自己周围的一切变得更美好。

要从上帝那里接收，就需要与我自己神圣的那部分建立联系。对自己内在的精神本质越有觉知，对灵感就越敞开。紫色的和平之光有助于平静你们的意识，这样就能听到上帝在对自己说的话。

唤醒神秘本质的冥想祈祷

请降下平静的紫色光射线，让我的意识平静下来，

我可以感觉到内在的永恒生命正敦促我，

要在神圣的创造和表达中向上进取。

愿圣光加持我的直觉力，

唤醒我内在的精神本质，

使我更好地理解精神力量的内在作用。

神圣的智能银色光射线对于帮助心智清理至关重要，能使你们能更好地辨识精神真理和你们自己的主观思想之间的不同。

加强精神辨识力的冥想祈祷

请降下神圣智能的银色光射线到我的精神中心，
帮助我了解我在接收的想法是否来自我自己
或是来自上帝的真正灵感。
愿这圣光使我头脑保持清晰、敏锐和客观。

加快你们的精神成长

神圣生命的许多品质都要身体力行。我们是通过无数的
经历、考验、艰难困苦、成功和失败，来积累智慧并得以进
化的。把你们所有的机会和挑战都看作是学习和成长的经
验。这些冥想的设计旨在帮助建立更多的内在力量，以加强
你的精神展现。

在以下的冥想祈祷中，你们请求上帝帮助调适你们的意
识，使精神展现成为你们的优先考虑。智慧之光的金色射线
是一种动态的精神能量，它为行进在精神道路上所必须的勇
气和信心，提供内在力量。

更加重视精神道路的冥想祈祷

请降下智慧的金光，给我力量和勇气，
使我的精神进化成为我生命中的首要任务。

帮助我在我的精神展现中勇于行动，

以克服任何出现的障碍或挫折，

达到我最高的精神潜能。

愿我在所有的交往活动中，行善周围。

用于精神成长的精神能量显现在辉光中是一种美丽的苹果绿色。它经常出现在头顶上方，表明灵魂在它的精神上升中正在取得进步。这个冥想祷告旨在把这种能量吸引到你们的辉光中，以支持你们的精神展现。

精神成长的冥想祷告

请降下精神成长的苹果绿射线

进入我的精神中心和辉光，

更新它们以支持我灵魂的精神展现。

帮助我保持灵敏，使我的生活适应神圣的生活。

愿我在精神旅程中精神焕发。

如果没有爱和慈悲，你们在精神之旅中就走不远。真正的慈悲是有能力看到，你们自己和周围人生命中的神圣火花。当你们或他人行事不端，待人不善时，可能就难以看到它。但无论其行为如何，神圣的火花仍然存在。它不受玷污或者腐蚀，即使我们的辉光因恶行的影响而变暗也是如此。

慈悲提升你们，而且你们的慈悲之光所到之处，对任何人都有提升的效果。在辉光场，慈悲表现的是一种美丽的粉红色光。

建立慈悲心的冥想祈祷

❧

请降下精神之爱的深玫瑰粉红射线

进入我的精神中心和辉光啊，

让我对他人和我自己都充满慈悲。

启迪我去尊重我交往的每个人内在的神圣火花。

帮助我理解，我们都诞生于同一个精神来源。

愿我表现出善意和理解，即使他人对此不作回报。

愿我感受到精神的喜悦，感恩走在精神成长的道路上。

虔诚是建立精神力量的一个基本组成部分。通过诚心尽力，你们所建立的是与上帝的直接纽带。你们有你们在尘世的多种责任，但最终，你们仅对上帝负有义务。皇室蓝光的射线是虔诚和奉献的精神力量。它是辉光中的"真蓝"能量，表明你们的努力是真诚的。

加强虔诚的冥想祈祷

❧

请降下宝蓝色的虔诚光芒进入我意识的各个层次

加深我对上帝和神圣的过程的奉献和虔诚。

帮助我释放我的意识中有分歧的部分

那些还有待与神圣的脉动协调一致。

通过这种神圣的力量，

愿我与上帝建立更紧密的联系

并且忠于我自己的神圣本质。

关于我们的精神进化，需要学习东西有很多，如同任何值得付出的努力一样，教育和训练是形而上学的基本要素。专注的柠檬黄光射线对集中意识效果十分好，在学习新东西，以及积累精神知识时都能提供与支持。

学习精神知识的冥想祈祷

请降下专注的柠檬黄光射线，

加快我的心智，更易于接受精神知识。

给我光亮，愿我能辨识出

有美德的精神教育及伪造或误导的学说，

在神圣的时刻，愿我找到真正的精神教师，

该老师就能支持我的精神上升。

克服精神道路上的考验和挑战

在精神的道路上行进是极为刺激的历险，但也绝非易事。一方面有事随人愿的回报，奇闻异事的惊诧，另一方面也会触及内外的挑战。你们周围的环境，既有利于精神成长的顺境，也会有逆境。当你们认识到精神道路的价值时，却会发现它很难走完，这些内在冲突，你们可能都会有,任何有价值的努力都将少不了这些必要的条件。

这个冥想祈祷是为了帮助你们与你们的精神根源建立联系而设计的。地球上的每一个灵魂都是神圣过程的一部分，无论他们在精神旅程中到了何地。明了这一点可以帮助你们明白，你们一直都在获得精神支持。你们从来都不是孤独一人。白光使你们保持与上帝的关联。

与我的宇宙起源相联系的冥想祈祷

请降下纯白光，帮助我感觉我的天堂起源
由此诞生的我的精神潜能和神圣的目的。
愿我能通过旅程的各个方面都能感受上帝的支持
知道我从不会孤单——上帝总是和我同在。
帮助我在生命无限的美丽和多样性中，
在它更伟大的创意表达中做出贡献。

有时，我们是自己的最大敌人。我们会在无意中阻碍而并非加快我们的精神成长。犯错的通常是人格自我。诚实地看待自己的缺点。你们的上升过程就是在不断地克服自己的诸多不完美，要做到这一点，你们需要看清它们是什么。如果你们看到自己的某个错误，就要注意需要怎样去纠正它。

神圣的智能的银光射线将会帮助你们更清楚地思考和看到事物。

冥想祈祷从妄想中解脱出来

請降下神圣的智能的银光射线以揭露
阻碍我精神之旅的个人任何不良动机。
把我从任何精神上的自以为是、目中无人以及任何
错误高估自己在精神阶梯上的位置的观点中解放出来
帮助我用良好的判断力和理性看清楚
在我精神的展现和下一步中我处在的地方。

谦卑是精神上成功的基础。有些人错误地认为，谦卑是一种软弱的标志，而实际上，这是一种力量强大的标志。当你们具备了谦卑，你们就明白你们在有序的宇宙中的位置，以及你们在神圣的计划中所起的作用。通过真正的谦卑，宇宙的力量将为你们打开，使你们以最佳的服务成就更高的福祉。平衡与和谐的宝石绿光射线有助于你们的律动与神圣的脉搏保持一致。

感应我在有序宇宙中的位置的冥想性祈祷

請降下平衡与和谐的绿宝石光射线
让我在进化的神圣计划中自我调适。
赐予我谦卑使我知晓我在宇宙中的序位。

愿我认识到我对神圣的过程必不可少，

我对神圣的计划做出的贡献也不可或缺。

遵循天堂的生命顺序，我心朝向上帝歌唱。

这本书中明确地指出，疗愈是精神生活的一部分。到了我们进化的不同阶段，我们就会有抚平创伤和要求转变的需要。蓝白的火光射线是一种必要的能量射线，用以抚平身体、心智和灵魂。观想这精神之火使你们意识的每一部分都沐浴其中，舒缓和愈合那些痛苦的地方。如果你们感到沮丧，这个祈祷很适合改善你们的心情。

疗愈精神的冥想祈祷

请降下更新生命力的蓝白火射线

让它会流入我意识的各个层面，

疗愈我的心智、身体和灵魂。

转化我生命中任何的病态

让他们恢复健康与幸福。

精神的展现并不是一个一夜之间的过程。灵魂的学习是通过经验，而通过这些经验是需要时间的。有时我们会不耐烦。我们希望事情的发生是依照我们的时间，而非神圣的时间。我们会逼迫得太紧，给自己和他人造成压力。勤勉地做好你们应做的事，余下的要由上帝来安排。如果你们在尽自己的一份力，你们的精神进化展现的节奏就是自然的律动。

行路途中要有耐心的冥想祈祷

請降下平衡与和谐的绿宝石光射线

让我进入神圣的节奏

使精神生活能依照神圣的时间在我的内心展现。

我相信神圣的过程，知道我在攀爬精神的阶梯

因为我已经赢得了此行的权利。

我们都会犯错；这是学习和成长过程的一部分。犯了错误，最重要的是要认识到错误，并且纠正它。不要谴责自己，因为那只会让你们在错误的能量里出不来。与此同时，也不要粉饰错误，因为那样只会让你们重蹈覆辙。真正的救赎可以打开精神成长的新机会，是我们前世今生中的主要转折点。

救赎的冥想祈祷

請降下纯净的白光射线到我的辉光，

将任何黑暗的角落从我的意识中清除出去。

我请求上帝宽恕我所做的任何有悖神圣法则的事。

愿这纯洁的圣光救赎我的灵魂，

把它带回我精神上升的全流程。

你们不是独自走这条路，但有时却有那种感觉。所爱的人可能与你们的精神抱负相和谐，也可能不。关键是爱。爱那些你们所爱的人，不管他们是否理解你们对形而上学爱好。同时，还要找到那些你们在这条路上的同道者。有人分享的旅程会更为精彩。

为吸引灵魂上的志同道合者冥想祈祷

请降下精神之爱的深玫瑰粉光射线，

清除我行进在精神道路上的孤独感。

我知道在旅程上的每一步，都有上帝的陪伴。

我请求爱的圣光从我高我点流入振动的以太，

吸引志同道合的灵魂和精神同行者与我分享旅程。

第十七章　睡眠以及到精神世界的旅行

把一天的行为过三遍再合眼。什么做得好，什么做的不够好，什么还未做完？

——毕达哥拉斯

　　在上两章中，我们研究了帮助你们加速精神成长的一些工具。我们探讨了有利于精神进化的生活方式和生活准则的基本作用，以及日常的冥想和祈祷对成长是如何的不可或缺。现在，我们将讨论睡眠与你们的精神进化之间美好而又神秘的关系。

　　睡眠一直以来就有一种神秘的元素。在古代文化中，睡眠被视为一种暂时的过世后状态——一种更接近灵魂、与祖先并和他们所崇拜的神明进行交流的时间。当今，睡眠被认为是身体在更新的时间部分。我们都需要在晚间好好休息。睡眠对恢复能力是至关重要的。科学研究了睡眠中的大脑/身体活动，并找出了一些显著的模式：轻度睡眠支持放松；深度睡眠支持身体恢复活力；快速眼动睡眠作用于使大脑功能健康。然而，睡眠的好处远不止仅限于生物上的。在睡眠期间进行的精神上过程，对灵魂有很大的好处。

　　在睡眠中，意识心智处于休息状态，但你们的精神部分还是活跃的。精神上在进行更新，这有助于消除我们的意识疲劳，恢复清醒。当你们睡觉的时候，上帝在加持你们的辉光。所以圣者们不仅在你们意识清醒时为你们工作；在你们意识睡眠时它们也在帮助你们。这种精神上的复原对心智、身体以及精神上的健康和幸福都是至关重要的。在很多方面，你们在睡觉的时候更接近精神，因为此时你们的大脑并未专注于日常事务。在这种极度放松的状态下，你们更乐意接受上帝。

　　除此以外，关于睡眠和精神世界，还有其它的现象，虽出乎人们的意料，但却为神秘主义者所熟知。我和你们曾分享过我个人在夜间的诸多精神旅行中的几次，以及我对这些经历的一些记忆。我天生就有一个才能，可以在意识里记得这些旅行，况且作为一个超觉天赋者和教师，我多年来一直在发展它。然而，这种才能并不是我所独有的。其他有类似神秘天赋的人，比如我的精神教师伊内兹，也有能力去有意识地进入内在世界。

　　通常不被人们理解的是，在你们的一生中，为了在精神旅程中恢复精力并获得启迪，你们不时地要被带出肉体进入内在世界。这些对内在世界的间或造访，就发生在你们晚间入睡的时候。凡属地球上的灵魂，无论是否有意地追求某种精神道路，这种造访一概都有发生。大多数情况下，你们的意识不会回忆起这段经历，但你们却会从中受益。当这些经历发生时，你们并没有处在死亡状况下，这与正常的离体经历不是一回事。这是内心世界的旅行。你们是在配合这个过程，但并未主动发起它。这种有条不紊的穿越旨在支持你们的灵性进化，是经过精心策划，并由天使来指挥的，所以十分安全便利。

　　这些对内在世界的间或造访有几个原因。上帝会周期性地带你们到内在领域去，以保持你们与精神诸世界的联系。地球只是一个暂时的栖息地；精神领域才是你们真正的家。即使在尘世生活中，你们的一部分仍然与精神世界保有联系。

无论在尘世生活中发生了什么，你们与上帝之间的联系从来都断不开。在晚间去到内在世界有助于脱开尘世的忧愁，让灵魂的精神焕发。另一个多次到这些内在世界旅行的原因就是，使你们持续地走在精神道路上，在你们完成目标的过程中给与你们支持。

当你们前往精神诸世界时，你们对在发生的事是知道的，但当你们一回到肉体里，你们就不会记得这次经历了（但也有很少的例外）。你们在这些领域并不久留，因为你们仍然是在尘世生活。在你们回到肉体后，上帝会帮助把所到精神世界的经验整合到你们的辉光之中，从而启迪你们醒来时的生活。虽然在意识上对内在世界的旅行鲜有记忆，但由其灵感产生的生动梦境却并不少见。一旦醒来，其给与的影响就会被你们无意识地感觉到。依据你们接受度的多少，你们会发现自己都受到一些观念的启迪，而它们就来自内在世界的指导。

你们被带到彼岸的哪里？你们可以到达在不同的地方，但大多数时候你们要去比较高层的星光世界并进入那里的圣殿，即我们一直在探索的精神训练中心。这些夜间的精神旅行多长时间去一次？根据你们生活中发生的情况，你们可能会一个月去一到两次。也可根据新的需求而增加。当你们处于困难的境地，需要帮助时，你们可能就会被带往内在世界。如果你们需要疗愈或正处于改变人生决定的当儿，你们可能也会被带去那儿。你们被带到那儿，是为了在你们的精神成长中接受教导和获取支持。准备怀孕的男女双方将会造访内在世界，去面见将要成为他们孩子的灵魂。如果你们在做伤害自身和他人的事，你们可能会被带到内在世界，去看你们行事上的错误，这样你们就好纠正。天使们把领袖们带到内在世界，给与引导和指向。那些准备要离世的人通常会被带到彼岸去进行心理上的准备。

为什么我们不记得这些精神诸世界的旅行呢？在超觉天赋的活动的所有方面，在意识上恢复对内在世界的记忆也许是最困难的。但话又说回来，你们与精神世界建立联系并不需要去看到它。只要心智保持开放和接受，给予你们的加持，就可以得到整合。最终，你们的精神努力带来的还是直接的体验。

我的母亲扎菲里亚有超觉天赋，但未经过专业训练。她过去常谈起她到内在世界的经历。她有虔诚的宗教信仰，但也会有形而上学的经历。有一次，她得了重病。曾有一度，生命都受到威胁。有天早上她告诉我，她记得自己刚到过彼岸的一个美丽的地方。一个天使走近她。她吓坏了，以为自己可能快死了，便脱口而出："我在这里干什么？！"天使让她放心，说自己是来帮助她的，她在一个做康复的圣殿里。有过这次经历之后，我的母亲的病确实好多了。这次对内在世界的认识使她的余生都过得安心。

内心世界的旅行和做梦是一回事吗？不是，两者不同。在传统沿袭上对清醒做梦的研究和对梦境的诠释都很丰富。

如果你还记得，当我们的进化通过星光第二层面时，我们的运作是在梦心智中。尽管我们已经通过了这个阶段，梦心智仍然是我们的心智构造的一部分。我们通过做梦处理的经历，是不经智力诠释的。这就是为什么在梦中，最荒诞离奇的活动捏合在一起看来都完全合乎情理。只有当你们从梦中醒来，细细回想时，你才会开始找出那些不合情理的地方来。

许多人觉得上帝是通过梦对我们说话的。从形而上学的观点来看，这既是真的，也不是真的。当我们在睡眠中时，上帝肯定会对我们说话，当这种情况发生时，我们可以回忆起足够的内容，用以诠释这神圣的经历，不是针对经历本身，而是我们诠释梦中的该经历。这样做，你们印象最深的地方就是离上帝的最近之处。

促进夜间的精神加持

为了补充你们每天的冥想练习，我们想提供一个有针对性的夜间冥想联系，专门用以促进你们在睡眠时的精神过程。这些冥想应该在就要睡觉之前进行。把睡前冥想列为你们精神练习的一部分。与夜间精神工作建立融洽的关系，其好处是巨大的。这可以带给你们更多的宁静，灵感，更平衡的意识，做事的动力更强。

这个夜间冥想练习有五个步骤。我们将详细介绍每一步，但实际练习花费的时间不易超过 10 分钟。

1. 从精神上准备好你的卧室。

2. 在精神上做好自己睡眠的准备。

3. 促进睡眠时间的精神更新。

4. 促进来自精神诸世界对睡眠时间的加持。

5. 将睡眠时间的精神体验整合到清醒时的意识中。

从精神上准备好你的卧室

你们的卧室是你们的庇护所。在精神上，你们希望你们的卧室和床在圣光中得到加持。最好先点支蜡烛再开始冥想，但到过程完毕睡觉之前就要熄灭。焚香也很好。这有助于创造一种精神氛围，有利于进入睡眠环境。

你可以坐在床边或附近的椅子上进行冥想。按照高我冥想练习，提高你的意识，并要求上帝让你的卧室充满纯净的白光，以释放任何可能出现在气氛中的负面影响。感受充满在房间里的精神力量。然后请上帝把你们的床罩在一个金色的光泡内，保护起来。

给你们的卧室加持的冥想祈祷

❧

我请求你降下纯净的白光

到我的卧室和睡眠区域，

释放掉任何不和谐的东西，

在圣光和爱中提升房间的振动。

用金色的保护光围绕着我的床，

使我睡眠时在精神上得到保护。

如果你们和你们所爱的人同床而眠，就要求金色的光也环绕着他们。如果他们不舒服，这些能量可能会无意中转移到你们身上。

为睡眠做好在精神上的准备

在当今快节奏的世界里，晚上睡个好觉似乎都很难。在漫长的一天工作之后，通常是忙到深夜，或者说整天都在忙不停，经常是到"累瘫"了我们才睡下。随着互联网的无时不在，我们生活在一个一天 24 小时，一周 7 天都有活动的周期中。白昼和黑夜的自然循环也被打乱了，因为明亮的灯光可以在白天或晚上的任何时候使我们兴奋。生活在旧时的人类在夜晚是靠蜡烛或火光照明的。当太阳落山时，生命的活动自然会放缓，带我们进入一种不同的节奏。在许多神秘的传统中，夜晚是一个放松、回顾和内省的时刻，吸收白日的经历，为睡眠中的精神过程做准备。然后，当第二天早上太阳升起时，我们便又一如既往地忙碌起来。科学已经告诉我们，褪黑激素，一种调节我们清醒-睡眠模式的激素，在很大程度上受到昼夜变化周期的影响。

当一天的事处理完了，最好回顾一下你们在一天中做得好的，或者不好的地方。这是一种个人的清点，帮助你们在精神上保持正常。趁记忆还新鲜，当天事毕后再过一道脑子是个很好的做法。一旦回顾完了，那么你们就要准备睡觉了，尽量把一天的烦心事都放下。无论白天发生了什么事，你们都要把脑子放空。如果你们有失眠症，就要排除影响到你们的睡眠周期的，深层次的生理状况。如果没有这种问题，那么失眠可以是想事多引起的。很多时候，我们犯的错误就是把麻烦带上床。躺在床上思考问题会刺激意识，使我们更难以入睡。在睡前上网或看电视会刺激意识，也不妥。当你们准备好入睡时，你们要的是让脑子安静，不想事。

　　如果你们还没有这样做，就要养成健康的睡眠习惯。对睡眠时间的考虑也要与自然相应合。保持与自然的联系，就会保持与生活节奏的联系。睡眠专家概述了良好的睡眠习惯，包括习惯性的睡前放松和 7 到 8 小时的睡眠。避免在深夜摄入食物或咖啡因，上床睡觉的时间有规律，定时醒来也是健康睡眠习惯的组成部分。

　　为了帮助你们能安然入睡，或者说如果你们难以入睡，我们建议你们使用白光和紫光射线。白光让你们摆脱当前的担忧或烦恼，而紫色对神经有舒缓作用。

促进睡眠的冥想祈祷

请降下柔和平静的紫光射线

让我的心智安静，身体放松。

让这种温和的能量进入我的神经系统，

释放任何负担、焦虑或压力。

（稍停一下，感受圣光到达你们的精神中心和肉体。）

然后我请求你降下纯白光

给我的肉体和意识注入精神上的力量

让我安然入睡。愿这神圣的能量

提升我的心智，肉体，和灵魂，

摆脱任何担忧和上帝合为一体。

　　感受圣光在给所有层次的意识，脉轮，你们的辉光，和你们的肉体加速。

促进睡眠时间里的精神更新

为了准备在睡眠中得到精神支持，观想自己被包在一个白光泡或深粉玫瑰红光泡里。下面的冥想祈祷是请求上帝支持你们将要经历的精神过程，为预期的夜间精神旅行做好准备。你们每晚都得到上帝的支持，但你们却无法控制何时你们被带到精神世界。无论发生什么，这种夜间冥想会增强你们接受精神更新的能力，并支持你们与内在诸世界的联系。通过这种冥想，感受到你们头顶上的高我点被白光加速。

更新意识的祈祷

愿我在睡眠中，所有的意识层次上

都获得神圣的充盈而精力恢复，头脑清醒。

愿我能把这些力量完全整合到我意识的各个层次上。

醒来时，我便获得更新和灵感，

迎接新的一天和促进我的精神成长的良机。

稍停一下，感受神明在与你们建立联系。

促进睡眠时间里来自精神诸世界的加持

在下面的冥想祈祷中，你们请求神明以圣光来加持你们，圣光是直接来自内在诸世界的圣殿。我们之前曾解析过，圣殿就是彼岸的精神训练中心。圣殿这个词被定义为"圣化的空间"，这的确是名符其实的。从圣殿接受的精神能量很强大，因为你们不仅受惠于圣光，而且还得到圣殿本身的力量。

因为这发生在在你们睡觉的时候，天使可以更直接地作用于你们的辉光。当这些夜间的冥想恰逢上帝带你们去内在诸世界，对你们的支持会很大，是对常规冥想的很好补充。

每晚当你们想要做冥想时，从这些内容中取一到两段，作为你们夜间冥想练习的一部分。

用于净化的圣殿冥想

橙红的火焰是一种净化的精神力量，把你们的辉光和意识中令人不安的能量，包括不健康的想法、愤怒、怨恨、焦虑、嫉妒、恐惧等等都释放出来。在较高层的星光世界中，司净化的圣殿是灵魂去做负面精神深层释放的地方，这些负面的能量要么是自造的，要么是从生活中吸收的。在这座圣殿里，肉体的疾病和伤害对精神的影响得到释放，所以意识可以更好地自我疗愈。

在这些冥想中，感受你们的高我点被你所要求的圣光加速，并坚信在睡眠中上帝会以这种力量中加持你们。

请求加持橙红火焰的圣殿冥想祈祷

在圣光和爱中，如果这是你的意愿，

我要求在我的睡眠中通过天使

从司净化的圣殿收到净化的橙红火焰。

愿这种生命能量净化我所有不健康和无明的能量。

醒来后，愿我敞开接受被赐予的力量和加持

跟随直觉走。我以你的圣名来请求。

司疗愈的圣殿冥想

永生的蓝白火是既有的最强大的精神能量之一，对所有类型的疗愈是必不可少的。它带来的宇宙生命力用以灌输和补充你们的意识。当你们的能量消耗了，你们需要重新补充能量。这种神圣之火的作用就在于此。如果你们感到疲惫、沮丧，或积极性低，蓝白火对你们会起到真正的提振。疗愈的圣殿是精神诸世界中最大和最活跃的圣殿之一（见插图 7.1）。许多生病的人在睡眠中被带到那里做康复和更新。

请求加持蓝白火的圣殿冥想祈祷

在圣光和爱中，如果这是你的意愿，

我请求通过天使在我的睡眠中

从司疗愈的圣殿中收到永生的蓝白色之火。

愿这神圣的动力能源给我灌输，再灌输新的生命力，

用它的治愈力加持我。醒来后，

愿我敞开接受被赐予的力量和加持

跟随直觉走。我以你的圣名来请求。

司圣爱的圣殿冥想

深玫瑰粉红射线带来神圣的爱、慈悲、善良和欢乐。这种能量有助于加深与他人的所有关系。如果你们处于一段难以相处的关系中，或者感受到爱情伤痛，这种能量对于心碎的疗伤是必不可少的。如果你们感到孤独或被忽视，深玫瑰粉红射线会将你们与无所不在的、无条件的神圣之爱联系起来。

爱之圣殿是精神诸世界中最美丽的圣殿之一（见插图8.1）。如果你们需要请求宽恕或需要去宽恕，这个圣殿提供的加持会很有帮助。这是一个广受喜爱的圣殿，专司加强和扩大你们的爱流。我们不仅都需要爱；我们还需要表达爱。

请求加持深粉玫瑰红光射线的圣殿冥想祈祷

在神圣的光和爱中，如果这是你的意愿，

我请求在我的睡眠中通过天使

从爱之圣殿里收到精神之爱的深粉玫瑰粉红光射线。

愿这种神圣的动力能源在神圣的爱和慈悲中提升我，

让我感到与神圣的源头相连。醒来后，

愿我敞开接受被赐予的力量和加持

跟随直觉走。我以你的圣名来请求。

司神圣的和平的圣殿冥想

紫色的和平之光，其色度比紫罗兰色更深 ，能给所有层次
的意识带来了平和和宁静。和平圣殿是一个真正庄严、神秘
的地方。每当你感到烦躁、焦虑、心神不宁、坐立不安、极
度活跃或不平静时，无论出于任何原因，从这座圣殿获得能
量都会有很大的帮助。通过召唤这种能量，你将证实万物是
神圣的一体，并更好地体现你所参与其中的这个荣耀的精神
过程。

请求加持紫光射线的圣殿冥想祈祷

在神圣的光和爱中，如果这是你的意愿，

我请求在我的睡眠中，通过天使

从和平圣殿中收到宁静的紫光射线。

愿这种平静的力量加持给我

"平和的宁静及宁静的平和"，

让我的思想、身体和灵魂安静。

醒来后，愿我敞开接受被赐予的力量和加持

跟随直觉走。我以你的圣名来请求。

司智慧的圣殿冥想

金光射线带来智慧和光明。需要内在力量、动力、勇气和理解，就可召唤这个能量。我们要成功地应对生活的挑战就需要精神上的坚强，金色的光芒就给你这种力量。司智慧的圣殿坐落于风景秀丽的土地上，是一处宏大可观的圣所。当你们在生活中寻求导向和指示，或者怀疑你们是否有能力去完成你们的生活中的诸多任务时，这是一个你们请求要去造访的圣殿。这座圣殿是领悟更伟大的远景以及以上帝的眼光看待生命的来源。

请求加持金光射线的圣殿冥想祈祷

在神圣的光和爱中，如果这是你的意愿，

我请求在我的睡眠中， 通过天使

从司智慧的圣殿中收到精神之爱的金光射线

愿这神圣的力量在我的精神旅程中加强我，

在理解和智慧方面照亮我。愿我感到

上帝在我所做的一切中与我同行。醒来后，

愿我敞开接受被赐予的力量和加持

跟随直觉走。我以你的圣名来请求。

司繁荣昌盛的圣殿冥想

绿松石光射线带来的是充裕和富源的意识。当你们在担忧金钱，处于经济拮据时，或者如果你们想要逐步建立你们的富足的意识时，这种能量，不仅在财务上，而且在友谊、健康、创造力，等等方面都是极好的。司富足的圣殿是人们学习财富的精神基础的地方。司富足的圣殿是一个宏伟的地方，在那里神明教导人们如何在他们的辉光中增加这种力量，以及如何应对富足提供的挑战和机会。

请求加持绿松石光射线的圣殿冥想祈祷

在神圣的光和爱中，如果这是你的意愿，

我请求在我的睡眠中通过天使

从司富足的圣殿中收到富足的绿松石光射线。

愿这神圣的力量提升我的心智、肉体和灵魂

以使我整合这富足的神圣原则，并在活跃的生命中

呈现这种力量。醒来后，

愿我敞开接受被赐予的力量和加持

跟随直觉走。我以你的圣名来请求。

在清醒意识中整合睡眠时间里的精神体验。

一旦你们完成了你们的夜间的冥想，表达你们对上帝的感激

之情，就吹灭蜡烛，放松下来，晚上睡个好觉。你们早上醒来时，在开始一天之前先静躺不动，回想一下你们脑海中跳出的最初想法或印象。如果有帮助，就把它们记下来。当你们初醒时，你们较为容易接受前一天晚上精神上发生的事情。如果没什么出现，那就不要管它了。你们要清楚地知道，灵感会在你们需要的时候出来的。

醒来的过程和入睡的过程一样重要。所以，最好不要马上从床上跳起来或赖床过久。如果你不要闹钟就能醒来，那是很理想的。或者也可以设置一个闹钟，轻缓地唤醒你，因为这有助于从睡眠到清醒的精神转变。

第十八章　通往天堂的路是用爱铺就的

重要的不是你做了多少，而是你在你所做的事情中投入了多少爱。

——特蕾莎修女

你们有自己的节奏，按其而来，你们自然会培养出自己的才能和技巧，并到达所有这些领域的辉煌。这些在催促你们奋发向上。竭尽所能，全力以赴去追求你们的精神道路。如果你们感到沮丧或失望，相信上帝，并且自己要坚持最高理想。精神上成熟的生活是存在的最伟大的生活。最大的满足安全和称心如意的来源莫过于灵魂不朽属性的绽放。你们的内在精神有一盏灯，那就是你们。让那精神发出灿烂的光吧，为众人照明造福。

在你们的精神之旅中，爱是关键。如果你们的爱之潜能没有持续性地展现，你们就无法攀登精神的阶梯。你们的精神上升是一条爱的道路。痛苦、悲情和哀伤是行云；爱才是永恒。让更高维度的生命知识现世，是为了揭示精神道路上的视野壮阔美丽，并告诉你们值得希冀的事会层出不穷，而爱永远是基础。

你们一辈子能在精神上攀升的高度有多少呢？这要由你们的业力图决定。在通常情况下，从一个层次到另一个层次的进步是个稳定而缓慢的过程。当你们进入较高的水平时，你们对你们的进化过程有了意识上的合作和支持，因而速度就会加快了。今天，人类被真正地赋予了加速其发展的金钥匙。我真心敦促你们充分利用这些精神上的良机。他们会带你们走很远。

需要多长时间才能达到精神的顶峰？攀登梯子回家需要很长时间，但这趟旅行优雅而庄严，每一步都很美妙。事实上，只要你们能到达那里，要花多长时间又有什么关系呢？真正的问题不是需要多长时间，而是为了到达那里，你们是否在做你们该做的事情。如果你们觉得一成不变或了无生气，总有更多的事情你们可以做。如果你们过度扩张，脚步就要减慢；精神的成长不是赛跑。

我们的进化是坚持和耐心的结合，以及明显的矛盾统一。在一种意义上，我们的神圣性和精神性永远如一，但与此同时，我们又在不断地展现更伟大、更灿烂的精神力量。我们走在通往光荣目的地的路上，我们当下也生活在永恒之中。我们的进化过程永无止境，然而也有明确的阶段和时期，在创造着兴奋、神秘和跌宕起伏。

要看清楚你们的内在品性。你们的弱点是什么，你们的优点是什么？看看你们是不是在做最难做的事情之一，就是爱你们自己。这不是空泛的爱，而是无论你们走到哪里，都接受你们自己的所在，包括你们在任何特定时刻所具有的品性。你们和其他人一样，都是神的一部分，你们有权爱你们。即使你们在自己身上看到了你们不喜欢的事情，也要开始爱自己。当你们接受并且爱自己的那一刻，你们就获得了一种提高你们意识的巨大的力量。你们还会发现自己拥有了一种接受他人的能力，无论他人处于旅途中的任何位置，一概接受。

在你们的精神攀登中，有很多事情你们会没有物理上的证据，所以你们将需要一个坚定的信念。这并非是未经思索和理智判断就接受的盲信，而是一种动力强大的神圣信念，该信念一经确立就终会实现。你们的信念必须持之以恒。不可时断时续，因为每次你们断开它，你们都关闭了本可以给你们揭示的东西。

要在精神道路上取得成就，你们需要的另一个方面就是希望。希望和信念是携手并进的。任何人都可以说，"天堂就是这样的。"任何人都可以给你们一张图片，上面的东西你们未必都亲历见证过。生活、学问和知识是要扩展的，要扩展就需要一个基本要素，那就是希望。当你们丧失希望的那一刻，岂不是把生命都丢弃了吗？当你们周围的一切看似崩溃，尽显绝望之际，就是你们最需要希望之时。许多勇敢的灵魂，虽所剩无几，仍满怀希望。希望，连同信念才是最重要的，它最终会引导你们知其所以，即通过亲身经历发现神圣的真理。

如果你们对需要做的事情看不周全，也不要泄气。你们只要尽己所能，其余一切便会各就其位。要认识到每堂课，即使是那些痛苦的教训，都有助于你们成长。要注意正在给你们显示的东西。这是认出上帝在和你们说话的唯一方式。记住：在上帝的眼里，你们都是宝贵的。在这个伟大的旅程中，愿上帝一路保佑你们回归你们永恒的家园。

鸣谢

这本书的写作过程从始至终是一部充满爱的辛勤劳作。和我们所有的书一样，它来自上帝的灵感，我们的指路明灯。神明带来的灵感是多层次的，令人惊讶的是，他们想在为适合大众看的书籍中，分享的内在生活竟有如此之多。这只能意味着有许多人已经准备好接收其信息了。祂们给追求精神生活的人们传递的信息是鼓励和爱，我们希望我们是祂们称职的代笔人。

我们感谢所有精神文理学院的学生、工作人员和支持者，他们为这项工作的进展提供了空间和鼓励。特别感谢尼尔·明茨和安娜·明茨所提供的实际帮助。我们要感谢芭芭拉的家人：瓦西里、丽亚、肯和阿曼达。还有莫拉蒂斯一家：菲利普、安玛丽、艾伦、安妮和茱莉亚；还为了纪念迪米特里已过世并进入更伟大的生活的父亲乔治。

我们非常感谢乔纳森·威尔特郡所做的美术插图。和他一起工作是一种乐事。他在画布上创作时对内心世界感觉的能力确实是令人惊叹。他的这些插图的油画挂在我们的培训中心，供所有研究院的学生启发灵感之用。我们对我们的编辑，马修·吉尔伯特表达热诚的谢意。他出色地提高了作品的行文措辞，同时也保留了原汁原味的作品精神及其精神基调。

我们感谢尼塔·伊巴拉做的出色的封面和书内的设计。这是她为我们做的第五本书的封面；每一本书的设计都完美地反映了该书的语境和感受。我们要感谢精神文理学院的出版团队——梅丽莎·洛夫、朱莉·奎因、珍妮特·科尔和西蒙·沃里克-史密斯，感谢他多年来对建立精神文理学院出版部门的指导和支持。我们感谢 SCB 的经销商，包括亚伦·西尔弗曼和加布里埃尔·威尔莫斯，以及奈杰尔·约沃斯在销售和分销方面的指导。我们要感谢萨拉·斯加拉特在公共关系方面的卓越表现，洛玛媒体的营销专业知识，以及莎拉·凯利在社交媒体上的努力。

关于作者

芭芭拉·Y·马丁是世界上首屈一指的超觉天赋者和形而上学的教师之一。她被亲切地称为"形而上学界的莫扎特"，五十多年来她一直是精神发展的先驱。她是一系列获奖书籍的合著者，其中包括国际畅销书《改变你的辉光改变你的生活》、《业力和轮回》、《你的辉光具有治愈力》、《动物有爱》和《与上帝的交流》。芭芭拉是精神文理学院的联合创始人和联合精神负责人。她教授了成千上万的人们如何通过用辉光和精神能量来改善他们的生活。

迪米特里·莫拉蒂斯是精神文理学院的联合创始人和联合精神负责人。迪米特里一直在做实际工作，把精神文理学院带到今天的地步，成为了一个声望很高的形而上学学校。他与芭芭拉合著了国际畅销书《改变你的辉光改变你的生活》、《业力和轮回》、《你的辉光具有治愈力》和《与上帝的交流》。对各类有关精神方面的课题，他是一个雄辩的演讲者，曾在全国各地发表演讲，出现在许多广播节目中，并与芭芭拉一起领导了该学院所提供的讲习班和培训课程。

关于插图画家

乔纳森·威尔特郡在很小的时候就开始画画了。他的美术插图曾出现在《天使时代》杂志和《美国艺术家》杂志上，并出现在许多书籍和视频中。他曾是基督教神秘主义者弗劳尔·阿琳·纽豪斯的插图画家，为其工作了二十年。他被加州艾迪怀德艺术联盟授予年度艺术家。乔纳森将他一生的工作奉献给了这样一个准则，即艺术旨在唤醒我们内在的感知能力，并鼓励和改变旁观者。他创作的种种形象都是通过直觉和想象构思的，是对无形世界的探索。

关于精神文理学院

精神文理学院致力于辉光，精神疗愈，以及灵魂成长，是一所名列前茅的形而上学学校。该学院由其教师芭芭拉·Y·马丁和迪米特里·莫雷蒂斯共同创立，其使命是帮助各行各业的人们加速他们的精神理解力和发展。作为精神总监，芭芭拉和迪米特里领导项目培训和创始人活动。

该学院提供改变人生的课程，通过七个精神人文科学课程和更多课程从单一的研讨会到深刻的，深入的培训。所有的课程都是基于一个丰富的，具有 4000 年历史的神秘传统，并建立在芭芭拉历经 50 年以上，广泛的超觉天赋经验。在经验丰富的教职员工的支持下，该学院提供个人精神发展、圣光疗愈，和形而上学学说的认证培训。学院提供线上和线下上课方式。

该学院的出版部门根据马丁和莫拉蒂斯的作品制作形而上学的书籍、视频和音频。他们的获奖书籍在世界各地出版，旨在与世界各地的精神真理寻求者分享神秘的圣光学说。

精神文理学院地址：美国加利福尼亚州恩西尼塔斯，恩西尼塔斯大道 527 号 206 室，邮政编码 92024

Spiritual Arts Institute　　https://spiritualarts.org

Suite 206, 527 Encinitas Blvd., Encinitas, CA 92024

1 (760) 487-1224　　Toll Free: 1 (800) 650-AURA (2872)

关于译者

于晓明，1973 年毕业于武汉大学外语系英语专业。现就读于精神文理学院，修习 KOL 教师课程。于 2018 年获该校助理教师认证书。

译作有《痛苦的负面情感：医治身体，疗愈情感》(Painful & Negative Emotions: Treat the Body, Heal the Emotions by Mary Swaine B.A., N.D., P.M.I.A.C.);《生命尽头的需要》(The Needs of the Dying by David Kessler); 与刘亚平共同翻译《生命终期的优质疗护》(The Best Care Possible by Ira Byock, MD)。

关于审校者

刘亚平，1973 年毕业于武汉大学外语系英语专业；1990 年于英国肯特大学获得国际关系学硕士学位；2008 年于加拿大约克维尔大学取得心理咨询硕士学位。2004 年－2023 年在加拿大多伦多塞内卡理工学院任学生心理咨询师。

译作有：《与疾病建立新型关系》<A New Relationship to Disease> by Mary Swaine, B.A., N.D., P.M.I.A.C.；和于晓明共同翻译：《生命终期的优质疗护》<The Best Care Possible> by Ira Byock, MD。

www.ingramcontent.com/pod-product-compliance
Lightning Source LLC
Chambersburg PA
CBHW052108030426
42335CB00025B/2883